與神同行的 8個微習慣

從混亂焦慮到身心安頓，徹底美好生活的祕密。

The

Common

Rule

Justin Whitmel Earley 賈斯汀‧厄利 ── 著

譯── 劉卉立

SUN	MON	TUE	WED	THU	FRI	SAT
				找人吃飯	訂算上網時間	
30	31	1	2	3	4	5
關手機1小時						
6	7	8	9	10	11	12
守安息日			晚餐開口禁食			
13	14	15	16	17	18	19
				屈膝禱告3次		無論短走滑手機
20	21	22	23	24	25	26
	和朋友談心					
27	28	29	30	31	1	2

各界好評見證

我常常告訴我們教會的弟兄姊妹，為人父母（包括屬靈的父母）能夠送給他們孩子一生最棒的禮物，就是耶穌的愛（愛神、愛人的心）以及幫助他們建立好的生活習慣。

很開心看到此書的出版，可以很具體地實踐我長久以來的信念，照著本書遵行，相信一定會改變你整個一生，並且完成上帝對你的命定與呼召。我竭誠希望我們教會的弟兄姊妹都能夠擁有這本書！

——楊寧亞，台北真理堂主任牧師

這是一本非常實用的書，充滿了對我們生命受造目的的美好描述，以及可以把我們帶往那個方向的簡單選擇。書中所描述的習慣和其體現的智慧，是在這個浮躁的世界中通往神智清明的道路。

—— 柯羅奇（Andy Crouch），《今日基督教》執行編輯

在一個忙碌的現代生活裡，要做到「習慣性地選擇最好的，而不是選擇最緊急的」無異是天方夜譚。人們會問：「但我要從哪裡開始呢？」在本書中，賈斯汀給出了答案。跟隨他的指引，你會發現你將重新掌握自己大部分的人生。

——約翰·史東崔特（John Stonestreet）
查克·柯爾森基督教世界觀中心會長

今天，基督徒一個最大的問題就是缺乏紀律。因此，他們沒有達到耶穌的期望，我們可以從日益下降的道德水準中看到這一點。本書提出了這樣的紀律，任何一個耶穌的跟隨者都可以使用本書，成為喜樂的宣教門徒。

——邁可·蒂米什（Michael Timmis），國際更生團契前主席

賈斯汀·厄利為地球上每一個忙碌、沉迷於手機、心不在焉的人提供了一條生命線。他在這本極富個人特色且非常實用的書中，激勵我們找到一種節奏，來支持我們最不可缺少的關係—我們與耶穌的友誼。

——重松謙（Ken Shigematsu），加拿大溫哥華第十街教會主任牧師

我感謝這套實用的習慣計畫把我從像機器一樣工作的狀態中拯救出來。這八個習慣提醒我，我是一個自由人而不是一個工作狂。我鼓勵你讀這本書，把自己從混亂中拯救出來。

——大衛·貝利（David M. Bailey），屬靈組織Arrabon執行總監

本書對每日和每週的節奏提供了絕佳的實用建議，每個教會都應該考慮使用本書作為教會的培育資源。

——謝里爾（AJ Sherrill），密西根州大急流城聖經教會主任牧師

我身為教會領袖，已認識主幾十年，但我仍為了要從忙碌行程中找到充裕時間與基督相處而掙扎不已。我被手機發送的訊息與人們對我的各種要求所困。這八個習慣不僅是提供給個人，也是給教會和小組的一條實用道路。　　——凱倫·史壯（Karen Heetderks Strong）

維吉尼亞州瀑布教堂市聖公會資深執事

書籍的目的不只是閱讀而已。好書會感動你，偉大的傑作會改變你。我現在是賈斯汀的粉絲。他做了一件不平凡的事情：教導我們八個習慣，這八個習慣不僅能改變我們自己的生活，更重要的是能改變那些選擇跟隨我們的人的生活。

——湯米·斯鮑丁（Tommy Spaulding），美國暢銷作家

這是一本精彩而迷人的著作，可以幫助我們在生活中體現神聖的生命節奏。這是一本重要的指南，帶領我們的生活更深地紮根於神的國度裡。　　——阿倫·費林（Alan Fadling），靈性網站「慢活人生」創辦人

我們的生活模式塑造了我們的態度和行動，本書敦促我們以一種新的角度來思考我們的習慣，並接受一種新的生活方式：過著刻意限制自己的生活，以追求能帶給我們和鄰舍最大福祉的事物。

——崔文·魏克斯（Trevin Wax），生命之道資源中心總監

很多基督徒作家只是再多給我們一本自助書，但本書打破了這個模式，呼籲我們要與神建立更深刻的親密關係。

——蓋瑞·布拉德利（Gary Bradley），靈性網站「領航者」

本書以一種耳目一新的方式提醒我們，社群、共餐、禁食、祈禱、靜默和休息都會對我們的生活產生深刻影響。在一個速食和家庭分裂的社會裡，回歸餐桌比以往任何時候都更加重要。

——黛安娜·希弗萊特（Diana M. Shiflett）

內珀維爾聖約教會靈性養成牧師

|專文推薦|

自律，帶來更多的自由

施以諾

　　這是一個講求自由的時代，許多人都不喜歡受到約束。然而，真正的自由往往來自「自律」，我舉個顯見的例子：

　　假設有兩個年輕人都很講究自由，其中一個年輕時就因為過度強調嚮往自由，而疏於經營前程，反而造成其中年後所能選擇的工作選項、時間彈性都受限；而另一位在年輕時很自律地努力上進，中年後的他相對較有成就與名聲，這時，他自年輕累積起的名聲與公信力，所帶給他在社會上的無形資產，使其在工作上所能作的選項較多、工作時間也較有彈性。

　　越自律的人，到後來越自由，一個宣稱自己「熱愛自由」的人，首先必須學會自律，而非放縱。

　　這本書提醒了我們八個自律的習慣，這些習慣若能養成，將使我們的人生更開闊。這八個習慣包括：

- **每天早上、中午、睡前屈膝禱告**：禱告，會讓我們對很多事釋懷，讓我們不被仇恨給操縱，不被某些慾望所綑綁，享受到一種心境上無比珍貴的自由。每天禱告聽起來很難，但養成習慣之後，很值得。
- **每天與其他人共進一餐**：什麼是健康？除了身體健康、

心理健康之外，人際關係的健康也很重要。每天與其他人共進一餐，可以促進您我的人際關係健康，千萬別覺得這麼做很俗氣，在歷史上，耶穌當年常用「吃飯」相關活動為媒介，來經營祂與門徒之間的關係呢！

■ **每天關閉手機一小時**：您的手機幾乎在您醒著的時候都開機嗎？這其實是一個警訊！響應「每天關機一小時」的活動，也許不出一週，您會發現您多聽到了許多鳥叫聲、多觀察到了家人的許多表情，這會令您驚嘆：有時能不被手機給綁住，真好！

■ **每天滑手機前先讀經**：在人手一機的年代，您會「滑」到哪些資訊？哪些忽然跳過的訊息該跳過？其實取決於您的心念。滑手機前先讀經，先端正自己的心念，可以讓您在滑手機時，不被不必要的誘惑給影響。

■ **每週與朋友談心一小時**：您有多久沒有跟好朋友對話了？這裡的對話不是指工作上的往來溝通，也不是指某些客套的語言，而是真正交心的對談。人生的朋友不必多，有能每週談心一小時的朋友就很夠了，他也許不能解決您人生正面臨的難關，但談心所帶來的療癒，將大大降低您的憂鬱指數。

■ **每週規畫媒體信息的瀏覽時數與內容**：您是一個一天到晚看垃圾政論節目的人嗎？這些資訊成天重複的轟炸、循環播放，您看了真覺得有益？接收訊息很重要，但要好好規畫。

- **每週禁食（或禁某樣事物）二十四小時**：人，需要有淨空的時間，讓自己安靜下來很重要。
- **每週守安息日**：每週來到愛您的上帝面前，獻上您對祂的感恩與讚美，其實是一件很有幸福感的事。

上述八個自律的習慣若能執行，不但不會讓您的人生感覺被約束，反而會感受到更多的輕省與自在。祝福大家活得自由、喜樂。

（本文作者為作家、輔大醫學院職能治療學系系主任）

實際可行的「屬靈紀律」

晏信中

　　我們知道，習慣其實是在無意識下重複發生的行為。那麼要塑造好的習慣，就會是人生當中不可或缺的重要環節。有人說21天我們可以改掉一個壞習慣，而要再21天，我們才能建造一個好習慣，由此可見，捨棄壞習慣並建立好的習慣，需要付上不少的努力和代價。

　　今天市面上不缺少成功人士的各項成功習慣的書籍，裡面大都會提到他們持之以恆的習慣，而這些書籍真的相當暢銷，因為普遍人們都想要找到成功的方法，但是我們卻沒有看到讀這些書的人進入他們所預期的成功。為什麼？因為只是單純知道怎麼做，卻不知道為何而做，是最大的問題。

　　本書作者曾經是一位宣教士，之後回國拿到法學博士，成為一位執業的律師。宣教士與律師，看起來是相當衝突及截然不同的兩個角色。作者在書中清楚地交代了他人生的經歷、轉折，以及面對焦慮所帶來的恐慌，在這過程中，他內心世界的糾葛，讓你可以容易地去認同。其實他所談的，幾乎就是每一個人內心所面對的挑戰。

　　同時作者也提出了四個每日習慣和四個每週習慣，從他清楚的表述及觀點，你會瞭解並且渴望能夠馬上試試看。看似是

習慣，我更想形容它是「屬靈紀律」，它卻又是這麼的實際、可行，讓你感受不到一絲一毫的壓力，在這麼實際的做法裡面，竟然帶出了很深的與神經歷。

我誠摯地推薦這本書給初信者，因為好的開始就是成功的一半。同時我也想要推薦給資深的基督徒，好好檢視一下自己是否有活在這些真正能夠幫助自己成長及成熟的習慣當中。最後我也想要推薦給還不認識基督信仰的朋友們，你會驚喜地發現，原來信仰可以這麼真實而不是膚淺的避災祈福，又這麼地生活化並充滿屬天的盼望。

（本文作者為 Asia for JESUS 副執行長

台北靈糧堂青年牧區社青區監督）

生命的順序對了，一切就對了

雷小盈

逛書店時，偶爾會走到商業或人生規畫分類，翻一下關於工作管理、生活型態的書籍。近幾年，發現越來越多「改變習慣」、「養成好習慣」相關主題的書出現，甚至成為主流。

現代人每天都被滿滿的行程、待辦事項推著走，這些年提倡的「極簡主義」、「間歇性斷食」、「慢活」等概念，成為都市人心底渴望擁抱的生活方式。因為許多人都意識到，我們太忙了，人們想要回到根本，想要回到最初——那不曾被污染的狀態。

然而，我們知道，沒有人可以完全不被周遭環境或群體影響。重點不在於我們身在哪一個地方或文化，而是在混亂、忙碌、背離神的群體環境及主流文化中，我們如何每天作出對的決定。我們有責任管理自己的生命，建立正確的生活方式和習慣。

《與神同行的8個微習慣》跟其它教導我們如何建立好習慣的書籍不一樣，因為書中提到的八個習慣都是以神為中心，是以與神和與人建立關係為出發點。作為耶穌的跟隨者，需要刻意在地上建立以神為優先的習慣。這些習慣不只是可以讓我們生活過得比較健康和愉快，更是我們在地上活著的呼召——重

整生命一切的順序，以神為首位。

　　仇敵不用直接攻擊我們，牠只要用許多次等的東西塞滿我們的生活和心思，我們自然就不會把時間花在真正重要的事上。忙碌的生活型態使我們像身在泥沼中，越踩越深，甚至，有許多人用忙碌來定義自身的價值。當忙碌成為我們的習慣，自然地，我們沒辦法看見及回應神要給我們的生命呼召及異象。

　　幾年前，我從「先鋒領袖學校」的神學課程畢業，學校最主要的一句標語是「不只是一間學校，更是一種生活方式」。在學校裡，我們每天的第一個行程，就是早上七點到禱告殿中參加兩小時的禱告會，不論是敬拜神、禱告、讀經、默想或寫靈修筆記，我們可以自行安排那個時段，但就是不斷跟神對話、思想跟祂有關的事就對了！

　　如果問我，從神學院畢業最大的收穫是什麼，我一定是先想到這樣親近神的生活方式，而這個習慣，我直到現在還是沒有改變。每天先跟神對話，成為我生活每一件事和作一切決定的準則。

　　在這本書中，作者從前言開始，分享自身的經歷和跟神的互動，看起來一帆風順的他，被神呼召要建立對的生活習慣。內文亦有許多作者個人見解，是一本「有血有肉」，含豐富理論、實際操作兼備的工具書。

　　我最喜歡每一章最後的「實際操作指南」，每個習慣均提供多個方法或不同程度，讓人找到最適合自己的入門方式。書中強調，建立習慣需要是自願性的，書中提供各種時程和方式

讓讀者作參考，不論是想嘗試實行一週或一季，或是只想建立其中的一到兩個習慣，這都是可以自由選擇的。

這八個習慣分為擁抱的習慣（要去做）及抗拒的習慣（遠離不做），其中一段作者這樣描述：

抗拒的習慣不應該是讓你遠離世界，而是轉向世界。養成這些習慣，不是讓你為了「你為自己所做的事」而自我感覺良好，而是讓你為了「神為你所做的事」而感到平安。

如果你是常在忙碌中打轉的人，這本書會成為你很大的幫助。一切都不會太晚，從現在開始，讓我們一起養成這些習慣！你會發現，我們的信念及價值觀深深影響我們每天的習慣和生活方式，因為我們只會去做我們認為重要的事，如同這段經文所說的：「你的財寶在哪裡，你的心也在哪裡。」

當生命的順序對了，一切也就對了！

（本文作者為作家、《TheOne》作者）

Content
·········

PART 1　如何操練通用準則

PART 2　每日習慣與每週習慣

獻給蘿倫
在有所約束的愛中，
妳釋放我得自由。

在限制中找到自由

　　那是一個平常的星期六夜晚，半夜十二點，我突然從睡夢中驚醒，嚇得冷汗直流，身體顫抖。我坐在床上，臥室裡一片靜悄悄。由於夢中的感覺實在是太強烈了，我以為會有可怕的事情發生，彷彿我的潛意識知道一些我不知道的事。但四周依舊安靜無聲。

　　不過，這實在是太不尋常了，於是我把睡在身旁的妻子蘿倫叫醒，設法向她解釋發生了什麼事，但又說不出所以然。那種感覺就像是我心中的警鈴莫名地響起。最後，我努力讓自己平靜下來，重新躺回床上入睡。

　　隔天，一種有事不對勁的朦朧感覺始終揮之不去。那天下午，我們夫妻倆帶著兒子到我們居住的里奇蒙市（維吉尼亞州）西部山區採蘋果。果園在九月底展現絕美景緻。我們吃著散發蘋果酒香的甜甜圈，我和妻子看著寶貝兒子們繞著蘋果樹跑來跑去。還有什麼比這更讓人心滿意足的呢——但是我只有半個人在那裡。那種感覺就像是我的情緒戴著太陽眼鏡，以致每件事情都蒙上了一層令人焦慮不安的陰影。

　　那天晚上，同樣的事情又再次上演，只是我這次再也睡不著。到了隔天星期一，我在辦公室像個殭屍般度過一天，不是拱著背埋首在文件堆中，就是在辦公桌和辦公室裡那台可怕的咖啡機之間來來回回。恐懼感開始像病毒般癱瘓了我整個人。對於那天晚上自己很有可能會再次帶著那種恐慌念頭入睡，我感到非常害怕。

　　當我真的再次躺回床上的時候，又開始了。

　　結果就是我在凌晨三點躺在醫院的急診室裡，眼睛看著醫生，他告訴我，我的身體沒有問題，我只是表現出一些焦慮症和恐慌發作的臨床症狀而已。他向我保證（彷彿那會使我安心）這些症狀非常普遍。我不敢相信我的耳朵聽到了什麼。

▶ 事事順利，事事在崩壞中

　　我不敢置信，是因為我不覺得自己有什麼壓力，或有什麼讓我擔憂的事情。事實上，我的生活表面上一帆風順。

　　我從維吉尼亞大學英國文學系畢業後，就與我賢慧的妻子結婚，然後我們成為傳教士，在中國住了幾年時間。我喜歡在中國的生活，若不是有一天我目睹了某些景象改變了我的世界觀，我們會再多停留一段時間。我當時走在人行道上，在短短十分鐘裡，我看見了有人在販毒、有人在開妓院、有人在販售偷來的筆電、有人在抗議政府。

　　除了政治抗議，所有其他事情在中國是司空見慣。我住在那裡的四年間，從未看過任何抗議事件，而我永遠都不會再看見了。一個女孩緩緩展開一張抗議海報，我看到上面寫著「中國的司法體系在崩壞，農村地區的人民正遭到鎮壓」——她很快就遭到逮捕，我永遠都讀不到未完的抗議文字。

　　當我離開那裡，我思索著這四件事明明都是非法的，但其中三件卻被看作合法的賺錢之道，怎麼會這樣？而且四者當中，只有一件是屬於愛鄰舍的英勇之舉，卻遭到逮捕的懲罰。

　　我就是在那一天明白了法律和商業擁有塑造世界的力量，我感受到了一股強烈的呼召。我覺得上帝在告訴我，我如果要跟隨祂，就應該在這兩個領域服事祂。那裡就是祂給我的宣教禾場，而我聽從了。於是蘿倫和我返回美國，搬到了華盛頓特區，我進入喬治華盛頓大學的法學院就讀，蘿倫則開始了她的慈善顧問生涯。

　　在這段時間，我的兩個兒子，老大懷特和老二阿塞爾相繼出生。我以頂尖成績從喬治華盛頓大學畢業後，進入了里奇蒙市最好的大型法律事務所，擔任企業兼併與收購方面的律師。我的幾個死黨和家人全都住在里奇蒙市，因此我們舉家南遷到那裡，打算從此過著幸福快樂的生活——至少我是這麼想的。

　　那個夏天，我過著志得意滿的生活。我留著大鬍子（我說服了我的妻子相信，我只要開始在這家法律事務所工作，就會立刻剃掉），買了一部BMW摩托車（我說服了我的妻子相信，騎摩托車會是方便的通勤工具），沒有準備律師資格考試的時候，我把所有時間全花在健身或是陪兒子們玩（這件事，我完全不需要說服蘿倫接受）。

　　簡言之，我的生活好極了——除了一個例外。我覺得好累。真的好累。從法學院畢業後的那幾年，我過著如饑似渴的生活。我想要在我做的每一件事上有出色的表現。我在中國的那幾年，我每天清早起床學習中文，與我的傳教士夥伴和中國朋友們一起消磨時間到很晚。

　　在法學院，我的生活是一連串永無止境的行事曆提醒、約

會、建立履歷和念書到深夜。在這裡，我們所有人都是這樣，所以這種生活似乎沒什麼好奇怪的。我記得，我在考律師資格考那天告訴幾位朋友我在考試前一晚輾轉難眠時，他們全都以奇怪的眼神看著我；顯然，我是唯一沒買安眠藥吃的人。

法學院的學生過著被野心壓榨的生活，我也跟著入境隨俗。我以為那就是要成為頂尖的法學院學生、獲得大公司工作，以及成為一個成功的年輕律師的途徑。

所以，我忙個不停、過度投入在工作或學業上，過著行程爆表的混亂生活。即使如此，我卻認為自己與其他人不一樣，因為**我有一個呼召**。直到我目睹了那位抗議者被逮捕，一個想法佔據了我的腦海：在塑造我們的生活文化上，法律和經濟有多麼重要——可能讓生活文化更好，也可能更壞。

只有在回顧過去時，我才真正體悟到，雖然我的人生之屋是以基督教內容來裝潢，但是我的習慣架構就和其他人一樣，並沒有不同。我之前一直過著這種生活，直到它再也支撐不住，整個崩塌下來。

▶ 從傳教士變成依賴藥物的律師

我在醫院的那天晚上，醫生給了我一瓶安眠藥，還叮囑我要放慢腳步。我當然不知道怎麼放慢腳步。「忙碌」就像是一個癮頭，你只要一停下來，就得面對腦袋裡的各種想法，這足以嚇壞我們大多數人。為了避開這種恐懼，你只好繼續保持忙

碌。我開始吃安眠藥,也開啟了我人生至今最黑暗的階段。

吃了安眠藥後,我每天晚上有幾個小時都處於昏睡狀態中,但我很快就發現,我對安眠藥的反應,就像我們在藥瓶後面所讀到的各種恐怖副作用說明一樣,一一出現。白天出現劇烈的情緒波動、幻覺劑引發夢魘,還有自殺的念頭——這些都是我的常態。短短幾個星期,我變得喜怒無常,沒來由地哭、想方設法集中注意力,而且無法平息心中莫名的恐懼。

有天晚上,我站在廚房裡,蘿倫遞給我幾個盤子要放回原處。我看著她,說:「我不知道要把它們放到哪裡。」我真的不知道。我的心智運作變得如此脆弱,以至於連簡單的工作都把我難倒了。我心想:「如果我連把盤子歸位都做不到,我要怎麼成為一個丈夫、一個朋友和一個父親呢?」我所珍視的每件事情,都變得岌岌可危。

此後,有很長一段時間,我必須靠吃安眠藥或喝酒才能讓自己入睡。最後,我戒除了安眠藥——感謝神——不過,我仍需要喝點酒讓自己入睡。我從一個年輕的傳教士,成功轉型為一個倚賴藥物的律師。但一個棘手的問題出現了:**這個傳教士是怎麼變成現在這樣的?**

這不是一個容易回答的問題。那是一段漫長而艱辛的過程。我現在明白了,我的身體最後陷入了焦慮不安和我所崇拜的忙碌中,是我的習慣和慣常行為讓我的身體變成這樣。我為了要在世界掙得立足之地而排定忙碌行程表的那些年,最終影響了我的心。我的理智說的是一回事——不論我做了什麼,神

都愛我，但是我的習慣說的卻是另外一回事——我最好繼續努力下去，神才會繼續愛我。

到最後，我的身、心、靈都開始相信我的習慣。

這也是為什麼接下來發生的事如此重要。十五個月後，我碰到了另一個改變我生命的夜晚。

▶ 發現習慣的力量

那天剛好是新年元旦晚上，我和兩個死黨馬特和史帝夫坐在餐廳裡。我們的桌上放著一張紙，上面寫滿了塗鴉——那是我和妻子共同擬出的習慣計畫表。這個計畫的目的是設法讓我的心相信我的理智所承認（但我的身體否認）的平安。馬特和史帝夫將會幫助我扛下責任，並持之以恆。

那個晚上是一個平凡無奇的普通夜晚，知道這點非常重要。我們當時並沒有領受到任何重大的天啟，也沒有贏得任何勝利。那個夜晚，純粹就是朋友之間展開的一次愉快談話，主題是「如何以更好的生活節奏度過每一天和每一週」。我沒有想到，在那張桌子上所寫下的種種習慣，將會變得**那麼**重要。那張紙上寫了每天要養成的習慣：禱告，以及每天都要離開手機幾小時；每週要放假一天不工作，以及抽空與朋友對話。顯然的是，它們沒有一個是什麼了不起的新發現。

我當時從未聽過「核心習慣」（keystone habit）——也就是一點小改變會帶來巨大成效。我那時候不認為一些習慣上的改

變，將會改變我的生活，但是我願意嘗試做任何事情。今天，在我寫下這些話的時候，我依然按照這些習慣生活，我依舊從事相同的工作，我依然擁有相同的呼召，但是我昨天晚上像個嬰孩般睡得香甜。我慢慢變成一個新人——一個謙卑的人，卻是一個剛強得多的人。

我沒有料到這些習慣將會變得如此重要，因為我不知道我有這麼多的日常習慣，正以最令人意想不到的方式塑造我的靈魂。因為我不知道塑造我的靈魂的主要因素是我的這些習慣，而不是我的希望。大多數人當然也和我一樣，因為習慣就是我們在裡面游泳的水。

▶ 看見這水

二〇〇五年五月二十一日，大衛・福斯特・華萊士（David Foster Wallace）應邀在肯陽學院（Kenyon College）向畢業生發表演講〈這是水〉（This Is Water），這場著名的演講後來透過電子形式傳播，立刻爆紅。演講的開場白如下：

有兩尾正值青春年少的魚兒，肩並肩地游著，遇到了一尾正要去別處的年長的魚。年長的魚向他們點點頭打了招呼，問候道：「早安啊，孩子們。水怎麼樣啊？」這兩尾年輕的魚兒繼續往前游了一會兒之後，其中一尾魚兒終於忍不住了，他看著另一尾魚兒，問道：「水到底是什麼東西啊？」

　　如同華萊士所指出的，這個故事的重點是：「最明顯可見且至關重要的事實，往往最難以察覺和談論。」[1]就我們的習慣而言，這個難以察覺的事實是：**我們全都照著一個特定的習慣模式生活，這些習慣塑造了我們大部分的生活。**

　　習慣是一種自動發生、而且經常是在無意識下重複發生的行為。杜克大學（Duke University）的研究就指出，在我們每天所採取的行動中，有高達百分之四十並非是選擇下的產物，而是習慣所致。[2] 誠如哲學家威廉・詹姆士（William James）所言：「我們的一生不過是大量習慣的綜合，有一套固定的形式。」[3]問題在於，在那些徹底塑造我們生活的事物中，如同華萊士所指出的，有許多是在不知不覺中發生的。

　　但是，我們沒有選擇我們的習慣，並不表示我們就沒有這些習慣。反之，那通常意謂著有其他人（而且往往是沒有顧及我們最佳利益的人）為我們做了選擇。

　　就以你的工作行程表或你觀看的社群媒體為例吧。不妨回想一下你的網路瀏覽歷程，或者你上個星期是如何度過早上時光的。回想一下，你的午餐通常吃什麼，或者把你平日在一天中與家人共度的時間，拿來和你盯著螢幕看的時間兩相比較。

1　David Foster Wallace, "2005 Kenyon College Commencement Address," May 21, 2005, *Kenyon College Alumni Bulletin*, http://bulletin-rchive.kenyon .edu/x4280.html.

2　David Brooks, "The Machiavellian Temptation," the *New York Times*, March 1,2012.

3　William James, *Talks to Teachers on Psychology: And to Students on Some of Life's Ideals* (New York: Henry Hold and Company, 1914), 64.

這些事情形成了我們大部分的生活，儘管我們以為我們是經過了審慎思考才選擇做這些事的，其實我們更多時候是不加思索就做了。我們多數時候只是跟風，周圍的人做什麼，我們就做什麼。不僅如此，我們也在那些想要從我們日常生活模式中賺錢的人的推動下，做了這些選擇，這種狀況發生的頻率其實比起我們所願意承認、甚至是所理解的，要更加頻繁。

習慣不僅塑造我們的行程表，更重要的是**習慣還塑造我們的心**，否則這個問題不會變得如此惡化。

▶ 習慣的科學論據

在這本論證令人信服的著作《為什麼我們這樣生活，那樣工作？》（*The Power of Habit*）中，作者查爾斯‧杜希格（Charles Duhigg）寫道：「習慣一旦形成後，大腦便停止參與決策。我們所形成的習慣模式會自動展開。」[4] 啟動習慣模式的大腦活動發生在大腦深處的基底核（basal ganglia）。這種切換模式可以保留許多心智能量給其他思考活動。

所以，我們可以進到車內，在不加思索的狀況下把車子轉個彎，忽然之間，已經返抵家門。我們的習慣取代了我們的思考，讓我們可以在開車的路上思索工作上一個棘手的問題或是生病的親友。習慣幫助我們讓我們的大腦做更好的利用。

一般而言，這種大腦機制確實大有助益，但也有缺點。首

---

4 Charles Duhigg, *The Power of Habit* (New York: Random House, 2012).

先，如果我們有某種不良習慣，譬如一個會強化癮頭的習慣、一個會深化有害思維模式的習慣，或是慫恿你盲目地向某種科技繳械，而該科技設計的目的是吸引我們的注意力，然後把它賣給廣告商——我們對此幾乎無力反擊。我們可能知道有些東西是不健康的、是不對的，而且可能也知道真正的原因。我們一再告誡自己，但是當習慣的自動駕駛儀打開的時候，我們的大腦腦區被阻絕在外，發揮不了作用。

再來，由於我們下意識的選擇不少於有意識的選擇，所以我們會被某些模式（那些只要我們有意識到，就絕對不會選擇的行為模式）所定型。這正是「教育」和「養成」之間的不同。教育是學習而得的知識——也就是我們被教導的事物，養成則是操練而來的實踐行為——也就是把我們定型的事物。在生活中，影響最大的當然是把我們定型的事物，而不是我們被教導的事物。所以「養成」和習慣有關。

這就是為什麼如果你想要徹底瞭解習慣，一定要把習慣想成禮拜儀式。禮拜儀式是以定期重複的行為模式來敬拜神。禮拜儀式的目的，是以特定的方式來塑造參與者。舉例而言，我每天晚上會和兒子們一起唸〈主禱文〉（天主經）[5]，因為我想要把耶穌的這篇祈禱文滲入到他們的骨子裡。我希望這篇祈禱文能塑造他們的人生輪廓。

請留意禮拜儀式的定義與習慣的定義有多麼相似。兩者

---

5 編注：本書中的聖經名詞（如章名、人名等）在全書首次出現時，皆以基督新教、天主教通用譯名對照的方式呈現，方便讀者閱讀。

都是一種不斷重複的事物，而這塑造了你。它們之間唯一的不同，在於禮拜儀式**承認**那是一種敬拜行為。把習慣稱為禮拜儀式或許有點奇怪，但是我們需要一個熟悉的名詞來強調我們日常行為的不中立（non-neutrality）。我們的習慣往往掩蓋了我們真正敬拜（或說追求）的事物，但那並不表示我們沒有敬拜的事物。問題是，我們在敬拜什麼？

誠如哲學家蘇明思（James K. A. Smith）在他的著作《欲望的門訓：一切從「心」的習慣開始》（*You Are What You Love: The Spiritual Power of Habit*）裡所提到的：「我們日復一日出現的習慣並非與我們的敬拜無關，而是至關重要。敬拜就是養成，養成就是敬拜。如同〈詩篇〉所言，做偶像的必和偶像一樣（詩篇／聖詠115:8）。因此，我們變成了我們的習慣。」

把蘇明思的真知灼見（我們的習慣是禮拜儀式）結合杜希格從神經學角度所得到關於習慣的洞見，我們可以知道：當我們的習慣接手時，我們的大腦便停止運轉，我們由此得到了一個堅實可信的解釋，來說明我們那些不自覺的習慣在不知不覺間重塑了我們的心，不論我們告訴自己要相信什麼。

▶ 小習慣是強有力的禮拜儀式

為了讓這個觀點站得住腳，我要和你分享我被焦慮不安所苦而陷於崩潰之前，這個觀點是如何在我每天的慣常行為中影響著我。

觀念錯誤的禮拜儀式形成的壞習慣

習慣	觀念錯誤的禮拜儀式
我又精疲力竭地起床,因為我從未準時上床睡覺。	我不是一個受造物,我是無限的。我的身體沒問題。我像神一樣。
上床前,用手機查看一下工作的電子郵件。	我可以錯過一段安靜時間,但不能不迅速回覆訊息。除非我在辦公室裡獲得重視,否則我就沒有價值。
拿了早餐在路上吃,而其他家人都在飯桌前慢慢享用。在辦公室,我坐在辦公桌前吃午餐。	太忙是正常的,甚至是受歡迎的。如果有許多人都要占用我的時間,就表示我很重要。為了保持重要的地位,我必須保持忙碌,而那意謂著我每天都要忙到很晚。
工作時,把所有電腦通知都打開,手機也保持開機狀態,不離開視線範圍。	我需要知道外面的世界發生了什麼事。最近發生的事就是最重要的事情。愛鄰舍的最好方式就是隨時更新重大新聞的標題以及新竄起的網路爆紅事物,而不是一直專注在工作上。
如果經理在當天很晚交付了一個任務,而且要在一個不切實際的時限內完成,永遠要說好。如果有社交邀請上門,永遠要努力爭取。	透過擴大我的選項,我會成為最好的自己,所以我不能說不。我可能會感到很累或很忙,我的家人可能也會被我的捉摸不定搞到人仰馬翻,但我如果不保留選擇權,我無法成為真正的自己。
即使我覺察到了上述事情正在失控中,即使對我的生活的最好形容詞是「零碎化」或「忙碌」,我仍然抗拒任何會限制我使用科技產品和工作時程表的規範。	限制我自己就是限制我的自由。如果我無法隨時保有選擇的自由,我就不是一個完整的人。美好的生活來自於選擇你想要的東西。

　　我們就到此打住吧。到這裡，我的一天生活甚至都還過不到一半，你可以看到我在沒有制定一套習慣計畫前，我是如何跟著一套嚴苛的禮拜儀式規範隨波逐流，被普遍的生活方式所同化。我的生活是在敬拜無所不知、無所不能和無所限制。**難怪，我的身體要反抗。**

▶ 自由的奴隸

　　所有這些錯誤觀念的禮拜儀式，對造成我的焦慮不安都非常重要，表格中的最後一項尤其危險：崇拜自由。為什麼崇拜自由會如此危險呢？因為它會導致我們繼續被其他習慣所奴役——很諷刺吧！

　　造成崇拜自由如此危險的原因有兩點。首先，崇拜自由並不會真的帶來自由。我們以為只要擺脫我們習慣上的限制，就能保有選擇的自由。其實，用這麼多的選項砲火攻擊我們自己，我們反而會落入選擇疲勞，而無法做出任何良好決定。既然我們疲累到無法做出任何良好決定，我們就很容易任由其他人——從喜歡操控下屬的上司到隱身幕後的手機程式設計師——替我們做決定。一昧追求這種自由，最終都會淪為奴隸，這把我們帶到「崇拜自由為何危險」的第二個原因。

　　第二個原因是，一昧崇拜自由使我們的眼睛被蒙蔽，看不見美好生活的真正樣貌。當我們表現出崇拜「永無限制」的自由生活態度時，我們以為美好生活來自於我們擁有自由、可以

為所欲為，所以為了確保享有美好生活，我們必須確保我們隨時都有選擇的自由。但是，如果美好的生活不是因為我們能夠為所欲為，而是能夠活出我們被造的目的，會怎麼樣呢？如果真正的自由源於有適當限制的選擇，而不是逃避所有的限制，會怎麼樣呢？

我沒有想到，我和兩個朋友一起在餐廳裡擬出一份習慣計畫表的那個晚上，竟然是一個如此重大的時刻，因為我終於徹底順服於自由的核心習慣。我確定「設限」是一種更好的生活方式，**而就是那時候，一切都改變了。**我曾經以為所有限制都會毀壞自由，也秉持這個原則來過我的人生，殊不知事實恰好相反：適當的限制**創造**自由。

這樣的覺悟不是在一夕之間發生的。隨著我的生活逐漸改變，我開始想知道，對我和一般人而言，為什麼捨棄崇拜自由而願意接受限制會如此困難。我開始想知道，我們當初是如何開始相信這樣一個奇怪的自由定義，以及是否有什麼鮮活的例子，可以來說明這種更合宜的自由。

我在耶穌的生平裡，找到了答案。

▥ 耶穌是一位好主人

沒有一個人比耶穌捨棄了更多自由，祂從全能的三位一體神的第二位，降生為一個脆弱的無助嬰孩。祂從用口中話語創造出宇宙，紆尊降貴至無法說出一個字。這就是聖經裡所記載

的，當他們說「祂倒空自己」（腓立比書／斐理伯書2:7）時的意思。

但是故事並未到此結束。耶穌不僅降生為人，祂還成為一個窮人、一個無家可歸的人、一個愛人的人，擁有強大能力以致成為了當權者的威脅，最終遭其凌虐和殺害。耶穌順服於這個終極的限制——被殺害而離世。但祂為什麼要這樣做？

因為愛。

因為愛你、愛我的緣故。

〈腓立比書〉說，耶穌願意順服在死亡的限制下，祂就被升為至高。當耶穌復活走出墳墓時，祂已經把死亡踩在腳下，跳著復活之舞，撤除了死亡對人類的限制。如今，凡選擇將生命順服於基督的人，也將與基督一同復活。因為愛，基督甘心捨棄祂的自由，以拯救世人。只要我們捨了自己的自由、順服於基督，我們便參與了祂的捨命之愛。我們在神聖之愛的限制中，找到了真正的自由。

我們在此要留意一件關鍵的事，耶穌的行為與人類在伊甸園的所作所為正好相反。在伊甸園裡，我們因為要成為上帝，而否認了上帝的權柄，偷吃智慧樹上的禁果。我們想方設法要掙脫我們身上的種種限制時，反而把死亡這個終極限制帶進了世界。但是，基督徹底反轉了人類這個模式。卑微的必升高。贏得勝利之道在於降服，而順服是通往自由之路。

為了自己，我們想方設法變得不受限制，結果是毀壞了世界。耶穌為了我們限制了自己，**結果是拯救了世界**。

▶ 生活的準則

這對我是全新的經歷,當然這個道理一點也不新。

隨著我的生活在改變,我的職場生活也在改變。出乎意料的是,在為我的工作行程和科技產品使用設限後,我發現我在工作上更加駕輕就熟。

這些新習慣幫助我更加專注在工作上。我給我的時間新增了一些限制後,我發現人們真正「需要」我的程度,遠低於我的預期。我的一個新習慣是每天入夜後,關閉手機一個小時,我的客戶和同事大都可以接受我在一個小時後,打開手機回覆他們的電話。

結果是,我開始三不五時就把習慣掛在嘴上,常常談論它們。我可能造成了許多朋友的困擾,因為他們得一再聽我談論習慣。我有一天跟我的牧師解釋我對習慣的領悟,然後他要我給他看一看我在做的事情。我永遠不會忘記他看著我時所說的話:「喔,我懂了。你已經建立起自己的生活準則了。」

我用了他的話反問他:「生活準則是什麼?」我想他會寫一本書來闡述這個東西。

我現在知道「生活準則」(rule of life)這個名詞是指一種集體的習慣模式,目的是為了塑造行為。最著名的生活準則最初是由教父們和古代修士發展出來的,例如聖奧古斯丁(St. Augustine)和聖本篤(St. Benedict)。數千年來,靈修團體使用生活準則的架構,來塑造人們的集體行為。

　　儘管我們瞭解「準則」一詞的意思，但是「生活準則」主要是尋找共同的目的，而不是遵行準則（或規範）。舉例來說，聖奧古斯丁和聖本篤所發展出來的準則[6]，包含了各式各樣的小習慣，我們可能會認為太過瑣碎而覺得不重要，或是過於嚴苛而覺得不適合現代，我們應當留意，他們兩位心中都有一個相同的目的——**愛**。

　　兩位教父都堅持從**培養微小的生活模式**開始，然後有系統地組織起來，以達成更大的生活目標：愛神與愛鄰舍。聖奧古斯丁準則如此開場：「我最親愛的弟兄們，愛神，再來是愛我們的鄰舍，超越萬有之上；因為這兩個主要誡命已經賜給我們了。」聖本篤準則一開始就表明「沒有一項準則是嚴苛的，沒有一項準則是難以負荷的」，他又接著描述當我們走在神的誡命裡，猶如置身在「難以言喻的甜蜜之愛中」。

　　兩位教父都把習慣看作汽車的排檔，藉此引導生活通往愛神、愛鄰舍的目的地。事實上，會使用「準則」（rule）一詞是因為這個字源於 *regula* 這個拉丁字，意思是柵欄或格子棚架，一種供植物攀爬生長的木製品。因此，使用「準則」一詞的用意，是因為我們（就像植物一樣）一直在成長和改變。

　　然而，當生長脫序，會把本來要結果的，變成一團糾結的腐爛藤蔓。這段形容正是我的寫照。生活準則試圖在愛（而不是混亂和墮落）的引領下，來塑造集體生活。

---

6 編注：天主教一般譯為「會規」或「清規」。

▶ 作為當代生活準則的集體習慣

凡是願意停下來思考這個問題的人，都會得出相同的領悟——人類是被某些微小的慣常行為所定義，我們每天和每週的生活就是由這些慣常行為所構成的。

作家安妮・狄勒德（Annie Dillard）寫道：「我們怎麼過日子，當然也就怎麼度過我們的一生。我們在這一小時和那一小時做了什麼，就是我們在做的事情。行事曆可以防止混亂和衝動行事。它是一張捕日網。它是一座鷹架讓工人可以站在上面，在不同的時間區段動手做工。」[7]

瞭解「生活準則」或習慣計畫的最好方法，就是想像狄勒德的鷹架——狄勒德版的棚架。習慣可以幫助我們站立起來，掌控時間。如果時間是我們達成目標的貨幣，那麼**習慣就是我們達成目標的方法**。如果你要掌控你知道的東西，你需要找到對的話語。如果你要掌控自己要變成什麼樣的人，你需要掌控自己的習慣。生活準則就是在指導我們如何掌控正確的習慣。我們要瞭解，這樣的真知灼見與簡樸克己的生活秩序，已經被前人遵行了一千年，他們藉此達到知與行（習慣）的合一。

現在，是讓這種古老的靈性智慧普及為一種現代常識的時候了。任何一個有在注意自己變成什麼樣子的人，**一定**要明白習慣的養成，是從一個習慣的架構開始。

---

7 Annie Dillard, *The Writing Life* (New York: Harper & Row, 1989).

　　瞭解神學上有關神和鄰舍的真理，絕對重要，但是把這方面的神學真理透過一種生活準則付諸實踐，也是不可或缺的。你不能只相信真理，而不去行，反之亦然。你不能只接受良好的教育，卻沒有得到良好的塑造，反之亦然。你不能只知道耶穌是誰，卻不跟隨耶穌，反之亦然。只活出其中的一半，無異只以半個人在活著。

　　只有當你的習慣是建立在符合你的世界觀上，你才不會只是在頭腦裡知道關於神和鄰舍的真理，也會具體用行動來**愛神和愛鄰舍**。

📣 通用準則

　　事實顯示，我原來早已在無意中發現了這種古老的智慧。我的小型習慣計畫是某種生活準則，專門針對現今人們對商業和科技的扭曲崇拜。

　　當我跟朋友家人們談起，遵行一套生活準則如何改變我的生活時，許多人建議我把它分享出去，讓其他人也有機會嘗試。我接受了他們的建議，於是我選取了自己最喜歡的幾項習慣，把它們存在一個PDF檔案裡，取名為「通用準則」（The Common Rule），因為我的用意就是供**一般人共同**練習。然後，我用電子郵件把這份檔案寄給十五個朋友。

　　短短一個星期，這份檔案就被轉寄給了數百人。而且，還在繼續轉寄中。我不知道原來我的情況有多麼常見。我不知道

有如此多的人也迫切需要一個更實用、更有意義的方法，來安排他們每天、每週的生活。

自從我開始撰寫通用準則，我明白了一件事，我遇見的絕大多數美國人——就和我一樣——都極度渴望有個榜樣，向他們示範如何以一種知（頭腦裡的知識）行（習慣）合一的方式，安排自己的日常生活。

但是，在我和越來越多的人談過話，以及閱讀了許多探討習慣、養成和禮拜儀式的書籍後，我原來的關切重點也跟著改變了。我領略到，最令人擔憂的不是我們的壞習慣（我們通常都知道自己有哪些惡習），而是我們往往難以察覺到的集體同化。

我們有一個共同的問題。我們忽略了習慣如何塑造我們，導致我們被一套隱而未現的生活準則所同化。這套嚴苛的習慣計畫導致我們陷入焦慮不安、憂鬱、消費主義、不公義和虛榮中，這些已經是當代生活的典型現象。

因此，恢復這種以福音為基礎的生活準則，作為今日基督徒的生活新標竿，成了當務之急。我們亟需一套反其道而行（反美國生活準則）的做法，以恢復我們起初被造的目的——成為愛神和愛鄰舍的人。

這不只是一個人的事情而已，還涉及了愛鄰舍的公共事務。一邊談論耶穌，卻又忽略耶穌之道，已經創造出一種美式基督教，換言之，在美國，基督教的「美國化」遠甚於表現基督的精神。

如果我們的靈性只專注於耶穌傳講的信息，卻忽略祂的作為，不僅會導致人們（像我一樣的人）陷入嚴重的人生危機中，還創造出一種基督徒國家，在其中生活的基督徒，實際生活與他們的真正信仰出現分歧，變成了兩回事。不然，我們怎麼解釋這樣一個基督徒國家呢？——基督徒一面傳講耶穌的福音，一面卻融入了美國人的慣常生活方式中。

我們有一個更好的方法，那就是耶穌的道路。

讓我們明白，習慣塑造我們的心。讓我們停止害怕限制會威脅我們的自由。讓我們明白，適當的限制是通往美好生活的道路。讓我們建立一個可以讓愛生長其上的棚架。讓我們建立一種善用時間的通用生活準則，一種會讓我們知行合一（頭腦裡的知識與習慣的合一）的生活準則，而使我們逐漸成長為我們受造要成為的樣式——一個愛神和愛鄰舍的人。

PART ONE

如何操練
通用準則

第1章

「準則」是什麼？

「準則」意指你為了要在愛神和愛鄰舍上有所成長，而全力實行的一套習慣。一如你的預期，本書的目的不只是拿來讀而已，而是要付諸實行。把這本書當作你的隨身良伴，一本操練通用準則的實用手冊。

如同「通用準則」這個名稱所顯示的，這套準則是要建立集體共同的行為，而非個人的節奏，因此理想的做法是與其他人一起操練。改變（即使只是個人的改變）總是發生在一個群體裡面，在群體裡，大家互相支持打氣、分享所學的東西、督促彼此持續朝目標邁進。因此，我強烈鼓勵你找朋友或家人，說服他們一起和你嘗試操練通用準則。

以下提供一些方式，供你參考操練。

▶ 操練通用準則的四種時程

研究顯示，要把新行為轉變成習慣至少需要兩到三星期。這裡建議操練通用準則的幾個時程與方式：

實行一個月

為了能將習慣的節奏化為你的一部分，進而取代你一直沒有察覺到、也從來不知道的習慣，與其他人一起全力操練通用準則一個月，是最有效的做法。如此一來，你會真實經歷到習慣養成的過程，也給了你形成牢固習慣的最好良機（參見第三部的「一個月的操練計畫」，裡面有更詳盡的資訊，告訴你如何

規畫每個月的生活）。

另外，一個月的時間得以讓你熬過調整階段。任何一種新習慣的養成模式都會讓人備感壓力，除非你抓到操練習慣的節奏。同理，除非你理解了操練的時間節奏可以減輕而非加重你的負擔，否則通用準則看起來會是個沉重負擔。這通常需要經過幾星期才能意會過來（如果你還是很擔心，詳見接下來的「輕省的擔子」）。

實行一個星期

如果你還沒有準備好要用一個月的時間來操練，不妨試行一個星期吧。本書有八章的內容是聚焦在建立每日和每週的習慣上。每天閱讀一章（大約十五鐘左右就能讀完一章），一星期後就能讀完，而讀完的時間點，恰好就是你開始讀的那天的星期數。

如果你是和一群朋友或一個小組一起讀，那麼在你們聚會之前的當天早上就先試著開始練習，把它當作操練的第一週，如此一來，在你們第二週的聚會展開之前，你們已經在當天上午完成了一週的操練。

不要擔心每天要操練完所有的習慣。只要試著做你當天讀到的內容就好。然後，從這裡開始，你可以決定是否要實行一個月的通用準則（參見第三部的「一星期的操練計畫」，裡面有更詳盡的資訊，告訴你如何規畫每星期的生活）。

實行一季

操練通用準則是一個很棒的方法，來迎接每年新一季的開始。舉例來說，不妨考慮在新年伊始藉助這項操練來養成牢固的習慣，而不是下了新年決心就忘了要履行。你可能也會考慮讓你的屬靈團體透過一個禮儀節期，像是四旬期（Lent）或基督降臨節（Advent）來操練這些習慣（參見網站thecommonrule.org所提供的一些調整過的季操練資源）。

我平常就過著遵循這些習慣的生活，但我經常會以更認真的態度來實行，當我在工作上或個人生活上處於壓力緊繃的狀況時，會有人督促我要堅持實行下去。舉例來說，我在寫作本書期間，我另外有一份全職工作，有三個小鬼頭在屋裡搗蛋，還有一個小嬰兒在媽媽腹中，那是一段生活被塞滿、幾乎要把我整個人榨乾的日子，但持續遵行通用準則裡的習慣，幫助我得以繼續過著保持默想、休息和專注的生活節奏。寫作本書的那一年固然是辛苦的一年，但不間斷地實行通用準則，讓這段艱辛時節沒有成為我人生中的危險季節。

所以，不要害怕在艱困的生命時節裡開始操練通用準則。通用準則的目的就是協助你航行於艱難的時節裡，指引你走上不分時節都要跟隨的道路——愛神和愛鄰舍。那或許正是你所需要的。

嘗試一、兩個習慣

如果你只想瀏覽本書，然後只選擇其中一兩個習慣來試

行，也很棒。沒理由你不能跳過其他章節，直接選擇任何你感興趣的習慣來讀。

本書每一章都各自獨立，所以你可以選擇你感興趣的一章閱讀，而且不妨考慮試試看裡面提及的習慣。許多人發現通用準則中最具影響力的每日習慣是「滑手機前先讀經」，最有影響力的每週習慣是「守安息日」（參見第三部的「如何從操練一個習慣開始」）。

▶ 輕省的擔子

人們對通用準則的最大（也是我最能理解的）誤解，就是以為那需要耗費許多精力和時間。不要擔心，不會的。事實是如果你覺得生活不堪負荷，如果你正在苦思如何讓生活每天順利運轉，那麼你手中這本書正是你需要的。

讓我告訴你什麼才是不堪負荷的生活：那是一種大腦放空、讓一切處在預設狀態下，從來不去檢視生活裡任何一樣事物——也就是現代人的日常生活。那種生活讓人完全招架不住。明明要承擔的壓力如此沉重，我們採取的因應之道卻是「什麼事都不做」。

通用準則是另外一種不同的生活方式。這套準則旨在精簡你的習慣，如此一來，你得以做更少的事，而有餘裕做更多有意義的事情。因此，不論你是否處於搬家、生兒育女、照顧年邁父母、轉換職涯、處理失去摯愛親人的傷痛，或是接手一項

重大的新專案或大客戶……等不同的人生階段，通用準則的習慣可以把生活的重量調降至適當水準，讓你可以專注在愛神和鄰舍上。

養成新習慣是個充滿挑戰的過程。所以，我不會告訴你通用準則不困難。沒錯，它是困難，但那說明不了什麼。任何值得做的事情都是困難的。我想告訴你的是，通用準則讓人得到自由與釋放。

你將會發現，一旦養成了新的通用準則習慣，它們就不會佔用時間和心理空間。它們在幕後運作。它們的目的是釋放你的時間、創造有意義的空間給人際關係、把你的精力導向做好工作，以及幫助你把注意力專注在創造你和愛你的神身上。這不是限制，這是釋放。你受造本是為此。

一分鐘重點整理

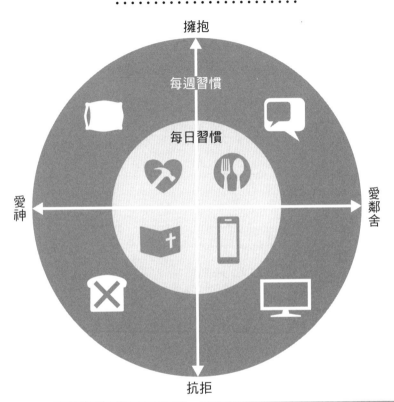

每日習慣		每週習慣	
💗	每天屈膝禱告3次	💬	與朋友談心1小時
🍴	與其他人共進一餐	📺	規畫媒體信息的瀏覽時數與內容
📱	關閉手機1小時	✖	禁食(或禁某樣事物)24小時
📖	滑手機前先讀經	🛏	安息日好好休息

第 2 章

通用準則的八種習慣

▶ 對應兩個層面的習慣

通用準則由八種習慣組成，四種屬於每日習慣，四種屬於每週習慣。

每日習慣包含了：

- 早上、中午、睡前屈膝禱告
- 與其他人共進一餐
- 關閉手機一小時
- 滑手機前先讀經

每週習慣包含了：

- 與朋友談心一小時
- 規畫媒體信息的瀏覽時數與內容
- 禁食（或禁某樣事物）二十四小時
- 安息日好好休息

每一種習慣都對應兩個不同的層面。第一個層面是「愛神」和「愛鄰舍」，其中有四種習慣讓我們可以聚焦於愛神，另外四種則聚焦於愛鄰舍。第二個層面是「擁抱」和「抗拒」是指我們「要做」和「不做」的事，其中有四種習慣對應「擁抱」，另外四種習慣對應「抗拒」。

對應愛神的習慣

另外一種看待習慣的方式,是這些習慣和我們對神的愛有關。你受造是為了愛神和被神所愛。只有在神之愛的光照下,你才會認清自己究竟是誰、覺察到你該如何去感受,以及發現你該怎麼生活度日。因此,以下四個通用準則的習慣旨在打開你的眼睛,來認識神的本質和屬性、接受神自由給予的愛,以及回報神的凝視(祂總是定睛在我們身上):

- 安息日好好休息
- 禁食(或禁某樣事物)二十四小時
- 早上、中午、睡前屈膝禱告
- 滑手機前先讀經

對應愛鄰舍的習慣

當我們想到更好的習慣時,我們關心的經常是我們個人的自我完善。而這完全偏離了通用準則的目的。愛鄰舍的習慣,意謂著我們要與其他人一起操練或實行,此外,也是為了他們的緣故而實行的:

- 與其他人共進一餐
- 與朋友談心一小時
- 關閉手機一小時
- 規畫媒體信息的瀏覽時數與內容

這裡所使用的「鄰舍」這個字，是沿用它在《聖經新約》裡的字義。「鄰舍」是指需要我們去愛的每一個人：家人、陌生人和敵人。

這四種習慣意指要花時間與別人相處，共度一個有意義的時刻。這四種習慣鼓勵我們為了團體（或社群）的步調，而願意中斷我們忙碌的日程。這四種習慣鼓勵我們放下我們的手機等裝置，而能更常與其他人在一起。

有個朋友問我，通用準則是否能夠幫助我們更加關注自己與他人，我的答案是：「是的。因為我們受造就是當我們顧念他人，我們就會感到快樂。」這四種習慣旨在幫助我們不要只顧自己，也要顧念別人。

對應擁抱的習慣

擁抱是一種提醒，提醒我們在上帝所創造的這個世界裡有許多美善的事物。神的同在──而不是缺席──是這個世界的首要事實。我們需要彼此──而不是傷害彼此──則是身為人類的首要真理。

在擁抱的習慣裡，我們設法操練我們的身體和心靈來愛那位真神，並轉而愛我們的鄰舍，因為這是我們被造的目的。擁抱的習慣分別為：

- 安息日好好休息
- 早上、中午、睡前屈膝禱告

- 與其他人共進一餐
- 與朋友談心一小時

對應抗拒的習慣

當我們採取有抵抗意味的行為，就無異於承認邪惡與苦難是真實存在的，雖然它們並非這個世界受造的方式。我們的世界充滿無數我們在有意識或者無意識之下所接受的看不見的習慣：恐懼、焦慮不安和忌妒。如果我們什麼都不做，我們**將會**被教導去愛那些會撕裂我們的事物。

因此，我們一定要起來戰鬥，打開我們的眼睛看清楚媒體如何用恐懼和憎恨塑造我們、手機和電腦螢幕如何造成我們心不在焉，以及過度和懶惰如何塑造我們愛自己勝過一切。

但要記住，抗拒有一個目的：**愛**。抗拒的習慣不應該是讓你遠離世界，而是**轉向**世界。養成這些習慣，不是讓你為了「你為自己所做的事」而自我感覺良好，而是讓你為了「神為你所做的事」而感到平安。抗拒的習慣有：

- 禁食（或禁某樣事物）二十四小時
- 滑手機前先讀經
- 關閉手機一小時
- 規畫媒體信息的瀏覽時數與內容

PART TWO

每日習慣
與
每週習慣

第3章

每日習慣1：
早上、中午、睡前屈膝禱告

願祢的國降臨，
願祢的旨意行在地上，如同行在天上。
　　　　　　　　　——耶穌（馬太／瑪竇福音6:10）

工作與禱告。　　　　　　　——聖本篤修士的座右銘

▶ 擔任企業律師

當人們問我是做什麼的，而我不想談論這個問題時，我會說：「我是一個企業律師。」我可以感受到，他們想像我在下城區一間套房辦公室裡，從事他們沒興趣聽的法律業務。

我確實在下城區一間套房辦公室裡，從事你沒興趣聽的法律業務——有時候是如此啦！但我在辦公室裡的生活遠比這個精彩。所以，當人們問我做什麼，而我確實想聊一聊時，我會說：「我用話語改變事情。」我說的是真話，就像上面那個標題一樣真實無誤，但它總能引出一個後續問題：「你說的『話語』是什麼意思？」

我的意思是這樣的。假設有兩家公司想要展開一項交易——其中一家公司想要收購另一家公司——那麼我們會用話語或文字把對方的期望具體落實。我們選擇用最有說服力的話語展開談判，我們要確保合約條文的用字都精確無誤，以求把風險降至最低，最後，在交易成交的時候，我們會大聲說出：「各位女士、先生，我們成交了，恭喜各位。」來創造一種新的現實。

如果你仔細思考一下，會發現那實在是太不可思議了。前一刻合併還不存在，下一刻就成真了——這全拜話語之賜。話語創造新的現實。簡單明瞭的話語具有強大的影響力。

當我回顧我的職業生涯，它有時候看起來有些奇怪。我有時候身兼多重身分，既是傳教士、也是作家和律師。但是當我

想到話語時，這一切都變得合理了。我的職業生涯就是一段話語人生。我一直從事與說話或文字相關的行業，設法說服世人相信世間有真理、美善和秩序。這一直是我的天職。

瞭解話語的力量，對於瞭解每日禱告的重要性極為重要。我們全都渴望透過某種方式，把我們混亂的日常生活重塑成有意義的生活。用話語（禱告的話語）來為每天的日子分段，會是很好的開始。我相信話語改變世界的力量——尤其是禱告的話語。

▶ 話語創造的世界

我們生活的世界源起於話語。

起初，神用祂充滿能力的威嚴聲音說「有光」，就有了光。然後，植物、質子、企鵝、鳳梨和極地冰帽，相繼出現。當神說話，世界就此成形。

話語化混亂為秩序，化混沌為有形。但是，話語的能力並沒有止於神；話語的能力傳承給了神形象的承受者——我們。

在聖經的完整創世敘述裡，有個最精彩的時刻，就是當神把話語的能力賜給人類時。神花了幾天時間在創世和安息的神聖節奏中，祂用話語創造了世界，然後心滿意足地看著自己所創造的一切說：「好！甚好！」神是如何創造這一切的呢？用話語。

然後，神轉向人類，說接下來換你了。或者，我們用更正式的話說：「要生養眾多。」神是如何把這項任務傳給了我們

呢？用話語。我們又是如何開始這項任務呢？當然是用話語。亞當的第一件任務是與神並肩同行，來為世界命名。作為全世界第一個詩人（和動物學家），神邀請亞當與祂合作，透過話語的能力，用話語將秩序賦予了世界。

所以，我們現在來到一天的開始。如果我們要為世界創造些什麼，我們必須以話語開始。正如神以愛來架構世界，我們也能使用禱告的話語，以愛來架構每日生活中的每一部分。

▶ 你是用愛來架構早晨嗎？

在我的人生中，我每天早上醒來，都是從一段禱告來開始這一天。隨著人生階段的不同，我的禱告類別也出現了截然不同的變化。

在高中階段，我的禱告是：「喔，為什麼，第一堂課要這麼早？」或是：「主啊！千萬不要讓其他人發現昨天晚上發生了什麼事。」

到了大學階段，我的禱告變成了無病呻吟，像是：「主啊！我錯過了那堂課，求祢不要讓那變成一件要緊事。」

到了最近，我的「抱怨之書」內容越來越多，例如：

「我真的應該早點上床睡覺的。」

「我真的應該早點醒來的。」

「（插入咒罵的話語）這些孩子幹嘛這麼早起來？」

「我為什麼總是這麼累？」

「我是認真的——我這次是**認真的**——我一定要在今天完成那個專案。」

「我不該看的。」

以上這些都是為了表達，我人生的每一天都是從「深切期盼某些事情能有所不同」開始的。它們通常與我做過的事情或者我必須要做的事情有關。因此，我每天都是以某種禱告來開始這一天，不論那有多麼無病呻吟、充滿抱怨。

如果我醒來時想到的是我做過的事，那我經常會對前一天感到有罪惡感。如果我醒來時想到的是我必須要做的事，那我經常會對即將到來的一天感到焦慮不安。請留意，在這些情況裡，我對事情的感受是好是壞，全都取決於我的表現。我的人生可說是以一種你可能會稱為「律法主義」（legalism）的觀念，來架構我的每一天。

「律法主義」認為人們該關注的是「我做了什麼」，而上帝和人們喜不喜歡我，則是看我的表現是好是壞。這是一個很錯誤的觀念，因為這種觀念正好是福音的相反：神愛我們不是因為我們做了什麼，而是**不論我們做了什麼、不論我們的行為是好或壞**，神都愛我們。「律法主義」把我們不配得到的神之愛，扭曲成要努力爭取才能獲得——也因此，這個世界是以我們為中心，而不是以神為中心。

律法主義似乎成了人類的預設選項，以至於我們會永遠聚焦於某種禱告，而讓世界圍繞著我們打轉——除非我們創造一種新習慣，一種以福音為根基的禱告習慣。這種禱告讓世界不

是以我們為中心,而是更多以**神對我們的愛**為中心。在我列舉相關例子之前,容我先說明一下禱告的意義。

兩種禱告

第一種禱告是為現實命名。如同亞當在伊甸園用話語所做的事一樣,他藉此創造了意義的類別,以及為現實命名。這部分的禱告是不可少的,因為它提醒了我們世界的真理:「神是良善的。我們是被愛的。活著就是一件美好的事情。感恩是幸福之道。」在這個意義上,禱告是認同神創造的一切,也提醒我們世界存在的方式。

第二種禱告不僅是為命名現實,更是藉著禱告創造現實。正如神用說話創造了群山和土壤,我們也能用禱告來創造一些事,讓我們期望的新事物發生。這種禱告經常發生在生活的秩序受到破壞的時候:「求主憐憫!願祢的國降臨。求主幫助!」或是「主啊!保守這位女性,她為丈夫的過世而悲傷難過。」

但你不一定要那樣禱告。你的禱告可以是:「主啊,祝福我的孩子。願我的鄰居知道她是被愛的。」或是「請帶領我今天的工作。」

所有這些禱告的本質是:與神並肩同行,透過話語把秩序與愛帶進有需要的地方。但是,我們晨禱的預設選項通常是這兩者之一的受損版。我們命名了虛假的現實,或是創造了不該創造出的東西。

電子版禱告

我採行過一些不同的晨禱版本，但是當我有了智慧型手機後，我的晨禱有了徹底的改變。我的手機加劇了我的自我中心和律法主義傾向的晨間禱告。為什麼呢？因為透過手機這個門戶，世界的混亂藉著我們稱之為「手機通知功能」的惱人事物，進到我那半昏睡的心靈。我不可避免地會以「我必須要做的事」以及「所有我做不到的事情」來開始一天。

我們的手機（與其程式設計師）很樂意代替我們來設定我們的習慣。它們很樂意向我們說出當天的第一句話，它們確實經常這樣做。因此，我們的手機（以及透過它們傳來的任何東西）塑造了我們在早上的第一個渴望，也為我們安排了一天生活中的第一個禱告。

在我取消手機的通知之前（你現在要做好心理準備，因為我接下來也會建議你這樣做），我的禱告會專注在別人要我做到的事情上。如果那是一封指派工作的電子郵件，那麼我會希望我可以把工作完成（或者我可以避開它），來開始這一天。如果那是一則即時新聞通知，報導某個官員做了壞事，那麼我會希望人們能像我一樣只要具備一些常識就好，來開始這一天。如果那是一個社群媒體通知，我會希望我的生活出現在某個發亮的手機螢幕上，來開始這一天。

上述每一種推動的力量都引發了與其相關的禱告，通常都是些把當天框限在壓力、忌妒或憤世嫉俗的禱告裡，而且這些禱告的影響力更大，因為我們是在不自覺的情況下，習慣如此禱告。

▶ 核心習慣與屈膝禱告

「習慣」是指那些我們不加思索而一再重複在做的事情,它們毫不費力就塑造了我們的世界。與其說是我們塑造了習慣,倒不如說是習慣塑造了我們——這是為什麼習慣如此強大的原因。

核心習慣是一種超級習慣。它是骨牌列中的第一張骨牌;藉著改變這一個習慣,我們就同時改變了十個其他習慣。

以屈膝禱告開始一天,就是一種具有如此強大效力的核心習慣。在晨禱中,我們把一天的第一句話定格在神對我們的愛中,換句話說,我們藉此把律法主義的雜草拔除,如果我們什麼事都不做,雜草只會越長越多,而且,我們也藉此架設好一天中的第一段棚架,讓愛可以在上面生長。

一次可怕的焦慮崩潰,促使我仔細思索我在每個早上的內心狀態。我詳細檢視這些時刻,發現我的思維習慣使我不自覺地以說出驕傲或恐懼的話語來開始一天。以自我為中心來架構一天,是最簡單不過的事了。

我想要改變那樣的狀況,但是要改變心智習慣非常困難。因為思想難以捉摸。我們抓不住它們。實際上,我們甚至觸碰不到它們,思想往往在我們意識到之前,就已出現。它們的影響力亦然。思想是不起眼的情緒之水,我們在裡面游泳,而它們最終塑造了一切。

對我而言,改變這種思維習慣的第一步,是我發現了手機的一個自動功能:「請勿打擾」(經常更新手機的功能,是

更新我們思維生活的方法之一，這顯示我們的手機有多麼不中性）。我把手機設定從晚上十一點至隔天早上八點，這段時間自動進入「請勿打擾」狀態，這意謂我的家人和其他挑選過的聯絡人若有需要，還是可以打電話給我。其他人在緊急情況下，只要撥打兩次也能接通（沒錯，那有時候會是工作上的電話）。但其他情況，就保持靜音。

只是這樣做，就讓我的早上過濾掉了千百個律法主義的催促，但只有這樣還不夠。那只是把瓦礫清理掉而已。

第二步是屈膝。要保守我們的心，其中一個方法就是保守我們的身體。當我屈膝跪下，我那昏沉的心靈大受震動，想要知道發生了什麼事：「我們跪在這冰冷的地板上是要做什麼？」那一刻的震動，會讓我進入一個新的時刻、新的模式。順道一提，如果你常常為了要準時起床而感到掙扎，那麼痛苦會有幫助，像跪下這種輕微的不適，是防止打瞌睡的好辦法。

既然瓦礫已經清除了，平日晨間的心智習慣也隨之中止了，我們現在要做的就是我們受造要做的事，像神一樣，向世界說出愛的話語。

多數時候，這個晨間屈膝禱告非常短。當我精疲力竭醒來，或是被寶寶的哭聲給吵醒時，我在床邊的第一個屈膝禱告經常非常迅速，像是一句：「求主憐憫！」另一種情況，當我醒來想到某個重要會議，或是需要一天以上時間來執行的大型專案時，我的禱告會是尋求幫助的緩慢停頓：「我整夜都夢見這事。我很擔心。請幫助我像祢一樣，可以把工作做好，化混亂

為秩序。」

在那些稀有的美好日子裡，當我神清氣爽醒來，不敢置信我竟然享有充足的睡眠，而且離孩子們醒來還有一個小時，這種時候我的禱告會是：「主啊，我不敢相信這一切！太不可思議了！謝謝祢如此關心我！幫助我今天可以向祢愛我一樣來愛人。」

讓我們再次回到禱告的兩種功用，**命名現實**：「神啊，謝謝祢又白白（不必努力才能掙得）賜給我一天。祢對我是如此慷慨。」以及，我們在**創造真實的現實**：「讓我今天做造福世界的事。讓我去愛世界和世人，正如祢愛世界一樣。」

只要一點微小的改變，我們一整天的生活就能被重新架構。好了，該是工作的時候了。

▶ 用愛架構我們的工作

我和工作之間存在著一種兩極關係。我至今還是無法釐清我究竟是個享樂主義者，還是個工作狂。這或許是正常現象（但更有可能不是這樣）。無論如何，職場讓我體悟到神把我造得有多麼像祂，但那並不表示我就是神（我差得遠呢）。所以有意義的工作——即使是在順境中——肯定不會讓我們安穩度過一天。這是為什麼我們需要有午間禱告，好讓我們用愛重新架構一天。

請容我在這裡說最後一個題外話。要瞭解為什麼工作中的禱告如此重要，我們有必要知道工作是為了什麼。

工作是為了像神。這是因為不論我們的職業是什麼，職場都是我們為世界創造些什麼的地方。為了能明白這與神有多麼相像，我們必須再次回到開天闢地之初。

讓我們回到聖經卷首神的作為上。聚光燈一亮起，我們就發現三位一體的神出現在舞台上，共同創造這個美麗又奇妙的物質世界。神集不同身分於一身——藍領工人、藝術家、發明家、修補匠、園丁和企業家，不論是哪個，神都用手做工而弄得髒兮兮，並且稱讚這種創造行動是好的。

神重複說的那個希伯來字是 *tov*，這個字的意思不只是「好」而已，而有點像是「哇」（wow）或「啊」（whoa）——就像在萬頭鑽動的體育館裡，有個運動員突然有驚人的表現時，觀眾不由自主發出的聲音。*Tov* 是神對自己的創造的祝福話語，如果我們錯過了這一點，我們就錯過了這個基本真理：神深深地被祂所愛的物質、生命和創造所吸引。

在某些方面，我們必須想像神就像是傑克遜・波洛克（Jackson Pollock）這位以滴畫而著稱的現代畫家一樣。神也在到處潑灑材料，把顏料灑在牆上，看一看有什麼東西黏在上面，而發出「哇！好！好！好！」的讚嘆聲。

神的工是愛。祂喜愛這世界的誕生。祂唱出了這世界，祂喜愛祂所創造的世界。

除非我們瞭解所有職業都是源於神的美好工作，否則我們無法瞭解我們的工作有什麼意義。如同神一樣，藝術家和發明家創造事物——那是好的。律師和會計師為現實命名，化混亂

為秩序——那是好的。建築師創造了過去不存在的東西，水電工修理受損的東西——兩者都是好的。投資者和企業家讓事物多產和倍增——這些都是好的。

工作是為了不像神。從另一個角度來看，我們的工作雖然都是衍伸自神的工，但我們在我們的工作上卻與神大不相同。神說話，生物的 DNA 編碼就依序排序。神說話，南北磁極便指向它們的真正北方。

當我們說話，我們話語的威信大減。員工會被冒犯、工作會變得混淆不明，電子郵件的收件匣會被無用的新提案塞爆。我們很想說：「給個三季度的報告吧！」但這就是工作，我們發現任何值得做的事情幾乎都不可能做到。就在今天，我明知對方根本不會理會我，我還是寄了一封電子郵件要求對方信守我定的工作期限。

知道自己說的話會被當作耳邊風，讓人感到很沮喪。只要問問做父母的就知道了——浪費口舌不僅讓人精疲力竭，還令人很洩氣。我們所有人都想要有最後的決定權。

從普遍狀況來看，我們不甘於只是像神——我們想要**成為神**。這也是為什麼我們在工作上會出現如此高度自我為中心的傾向。工作變成了一種證明，可以拿來證明我們有能力完成一些事情、我們勝任這份工作，以及我們的聲音值得被聆聽——即使我們必須要拍桌子，或是要發一封「我早就告訴過你了」這種冷嘲熱諷的電子郵件亦然。

所以，我們顛倒了工作的目的。我們不是把工作當作愛人

和服務他人的一種方式。我們工作不是為了渴望聽到神說「做得好！」而是為了聽到人們說「做得好！」而這只是我們破碎的開始，我們有時候甚至會積極地去傷害別人。

這世界不僅複雜難以管理，邪惡更是無處不在。無論是性交易產業裡一個能幹的皮條客，或是一個本來才華出眾的經理人，故意寫了一封讓員工產生罪疚感和羞愧感的電子郵件，人類的工作經常是積極地培養罪惡，而不是培養愛。

▶ 用愛重新架構職場的一天

在工作時，趁著午間屈膝禱告是一種正向習慣，得以讓我們用愛重新架構上班日，因為經常就在我們的工作狀態崩潰之際，禱告重設了我們的工作模式。

我在辦公室經常是以旺盛精力和高生產力來開始一天。在上午，該做什麼都很清楚。我的待辦工作清單安排得井然有序。我感覺（經常是不切實際的感覺）我可以在當天把所有工作都處理完畢。在適量的咖啡、堅定的意志力和恐懼失敗的心態的加持下，我**至少**可以堅持兩、三小時按表操課，完成清單中的工作事項，有時候甚至可以堅持到中午。

但之後，輪子開始脫落。我通常會注意到這個時刻，是因為我還是很想喝更多咖啡，即使我知道那只會讓我更加焦慮。或者，我很想上網搜尋一些東西。為什麼？我也不知道。反正，我就是想搜尋。

到了中午和下午兩點之間，我開始意識到，所有我希望可
以在當天完成的事情，是**完成不了了**。我意識到，有人要失望
了。我開始查看下午要做的工作，我意識到我還不夠好。我完
成不了。人們不會聽我的，所有律法主義的感覺又回來了：**我
如果做不到，我還有什麼價值呢？**

在午間屈膝禱告，給我們一個機會去面對和承認自己那無
法遏止的律法主義傾向，也因而有機會在那一天即將崩潰瓦解之
際，重新架構一天的生活。

在這個時候，我會關上我辦公室的門，雙膝跪下。這難免會
令人感到尷尬，萬一有人進來，怎麼辦？那會讓人感到不自在。
西裝褲可不是為了讓人跪在地上而設計的。但是，這些不安是好
的。它們提醒我有事情在發生。如果我剛好在公共場所，我可能
只是把手放在腿上，手掌向上。我需要某種肢體動作，為我捉摸
不定的心思標記這個時刻。

我的午間禱告都很短，經常與我的一個認罪有關，為我把
工作聚焦在我自己身上而認罪。於是我開始為某個客戶或同事
禱告，希望藉此調整我的工作動機。有時候，我試著回想我們
的產品或服務如何影響我永遠都不會碰到的人們。有時候，我
思考它們會如何影響買不起的人。有時候，我為失業的人禱告。

有時候，我只是安靜地坐著，望著窗外。

不論我做什麼，這個習慣總是以最好的方式打斷進行中
的事情。透過建立這種新習慣，每天都有一個自我為中心的狀
況受到阻止。我也藉此被提醒，工作不是為了我，而是為了某

人，因此我可以將剩下的上班時間轉向那個人，也許是一個客
戶、顧客、員工或陌生人。

用愛架構夜晚

　　我們終於來到一天的結束，一個脆弱無力的時刻，我們這
時候必須把雙手從方向盤上拿開，讓所有事情暫停。我的一個
牧師朋友告訴我，當夜幕降臨，他不由悲從中來，因為他在當
天總是還有更多想要做的事情。

　　我也一樣。我猜想，我們全都有類似感嘆。夜晚讓我正視
人生是有限的現實。我們有這麼多想做的事情，或者至少是我
們覺得我們該做的事情。那些在早上看起來如此簡單的事情，
到了夜間看起來卻是如此遙不可及。

　　我們永遠無法做完所有事情。我們可以徹夜工作，結果是
沒辦法打掃家裡或把專案和簡報準備好。此外，寶寶一定會整
夜哭鬧，或者你的室友整夜都會打呼，也可能是你會在半夜三
點醒來，再也睡不著。你在哪個人生階段呢？

　　我們為自己沒有空閒時間而感到沮喪。我們也為自己把所
有時間都浪費在無所事事上，而感到慚愧。

　　因此，夜間變成一段嚴厲的自我評斷時間。我常常發現我
躺在床上，面對著這個事實：我一整天都在努力證明我在世上
的存在價值。我躺在那裡，發現這個令人恐懼的事實猶如關不
掉的燈泡掛在天花板上。**這有那麼重要嗎？**

我為自己有那樣的想法而困擾不已，我想要把所有事情
全都拋諸腦後。許多人都這樣做。喝一杯聽起來不錯，兩杯更
好。性愛聽起來不錯，A片更容易解決。談話會有幫助，但是
追劇可以讓我的腦袋放空。趕快把沒讀的書惡補完，閱讀有助
心靜，但是推特有些通知可能更緊急。蘿倫和我應當坐下來聊
一聊，但深入談話是困難的，而且有個播客在播放一場講道，
每個人都說我們應該要聽一聽。哦，還有一篇最近非常熱門的
文章。總是有些健康的方法可以讓我逃避現實，**但是我逃避不
了那種亟欲逃避的渴望。**

精疲力竭的一天使我們處於一種昏沉狀態，使我們難以做
出正確決定。我們覺得很累，又因為我們的身心靈是一體的，
以致我們此時難以作出抉擇。在商業界，這種現象被稱為「決
策疲勞」。我的父親以典型的父親忠告對此下結論：「在太陽下
山後，要避免做重要決定。」夜晚是個脆弱時刻。我們對一天
的消耗遠不如一天下來對我們身心的消耗。當我們耗竭的身心
向各種癮頭讓步時，我們就會暴露出自己的真實本相。

面對這樣的情況，夜間禱告可以創造出一天最後一個重要
的轉折。或許，我們就是要在工作完成、洗完碗盤、孩子們全
都睡著了的時候，才能停下來禱告，這是有目標地把晚上時間
框架在安歇中，而不是隨意做其他事情讓時間溜走。

我們應該慎重看待上床就寢的行為，並且自問：「我要如
何結束這一天？」我們是要醒著躺在床上，在腦中播放白天做
過的事嗎？我們是要刷手機看看最近的名流醜聞，讓這些無意

義的東西佔據我們的腦袋？還是，我們要刻意讓自己進入休息中（我們知道自己需要休息）呢？

沒有哪個認為自己有責任讓世界保持運轉的人，還能睡得著的。當我們感謝神我們不需要這樣做時，就能享受真正的安眠，因為神會做。因此，我們在床邊屈膝禱告，以神對我們的憐憫和關心為這一天畫上句點。

你又度過一天了。這樣做和你覺得自己屬不屬靈沒有關係，和你是否知道該說什麼也沒有關係，和你是否每個晚上重複說同樣的事情說一個月都沒有關係。這就是一個習慣。

說出你的禱告，直到你的禱告向你說話。這就是我們睡前禱告的目標。

▶ 建立習慣的棚架

我的母親在我還小的時候，在我們家的花園（在磚造車庫旁）種了卡羅萊納茉莉花。茉莉花是一種美麗的植物，但也是一種纏繞類藤蔓植物。如果不受引導，它的茂盛枝條會朝其他所有植物蔓延，最終以壓倒性的數量殺死所有其他植物。

我的母親因此在車庫的磚牆外面搭起了一個棚架，引導茉莉花向上生長，以脫離其他植物。經過幾季後，黃色的花朵覆滿了整面牆。我至今依舊記得，那面磚牆如何從光禿禿一片轉變成美麗的花牆。我至今依舊記得，整個後院充滿著濃厚春天氣息的花香味。

我們的人生就像是一株茉莉花，我們的每一天和每一週就像是棚架。我們受造無非是要向上生長，開出美麗的花朵，讓全地充滿上帝那無比榮美的馨香之氣。然而，我們卻向下墜落。我們長歪了。但那並不表示我們不會成長，那只意謂我們歪向一邊生長（那不是我們的本意），而經常扭曲成某種會殺死自己和傷害周圍人們的東西。

如果我們什麼都不做，我們還是可以成長。但是我們可能會發展出具有破壞力的習慣，而陷入其中，那不僅是危害我們個人而已，也波及到我們周圍的人。

透過建立習慣的棚架，我們承認上帝用美好的方式創造我們，也承認墮落已經破碎了我們。這是打造安妮・狄勒德所說的「捕日網」[1]的方式之一。我們還能以其他什麼方式來捕獲時間本身呢？

這一切都開始於以愛來架構我們的每一天，而這開始於禱告的話語。

---

1 Annie Dillard, *The Writing Life* (New York: Harper & Row, 1989).

實際操練指南

早上、中午、睡前 屈膝禱告

一分鐘重點整理

世界是由話語組成的。即使是簡潔、重複性的話語都帶有能力。有規律的、細心安排的禱告，是靈性養成的核心習慣之一，也是建立習慣棚架的開始。透過禱告的話語來架構我們的一天，就是以愛來架構這一天。

三種開始的方法

1.**寫下你的禱告**。你可能想從建立晨禱、午禱和晚禱開始。以下是三種你可能會用到的禱告，你可以自行寫下，也可以從通用準則的網站列印出來：

- **早晨**：聖靈，我被造是為了祢的同在。求祢在我所做的每一件事上，都與祢同在。阿們。
- **中午**：耶穌，我受造是為了在世上參與祢的工作。請祢安排我在剩餘的一天時間裡，來愛那些祢賜給我要服事他們的人。阿們！
- **睡前**：天父，我受造是為了在祢的愛中安歇。求祢讓我的身體在睡眠中得著休息，我的心思意念在祢的愛中得著安歇。阿們。

2.**鬧鐘和提醒**。我的朋友史帝夫，有次在聽了一個朋友是第五次還是第六次提到，他有多麼希望能與妻子一起禱告後，他拿起朋友的手機，告訴語音助理 Siri 設定鬧鐘，以便提醒朋友要和妻子一起禱告。很有趣的故事，但也是常識。如果你有困難開始這種禱告節奏，考慮使用鬧鐘吧！我曾在一段很長的時間裡，把辦公室的鬧鐘設定在下午一點鐘響起，來提醒我放下手邊的工作，開始禱告。

3.**用身體禱告**。屈膝禱告是用身體和謙卑標記這個時刻的一種很好方法。如果跪下對你的身體造成負擔，或者你人剛好在公眾場合，那麼試著將你的手掌張開向上，放在腿上，或是走向窗戶。

要注意的三個重點

1.**集體禱告**。這項習慣經常會轉變成集體禱告。我有一些實行通用準則的朋友，在他們的辦公室，利用這個習慣當作小憩以及和一個同事一起做個簡短禱告的機會。他們通常會找一間沒有人的會議室，抽出五分鐘聚在一起。我的妻子和我利用晚禱時間在就寢前一起禱告。有些母親讀者告訴我，她們利用午禱或晚禱時間與孩子一

起禱告。習慣性的身體禱告是一種很棒的方式，教導孩子認識持之以恆的禱告節奏。

2.**彈性調整**。有節奏的禱告習慣架構了一天的生活，為了因應一天中不同的情況，可以考慮彈性調整禱告的時間。早上的通勤族也許可以把晨禱改在發動車子前或在開車時。那是一種預備你的靈魂的好方法，來因應交通可能造成的挑戰。不妨考慮在進辦公室前，或是在返回家門前的那一刻做個禱告，作為轉換理智和情感的一個過渡方式。

3.**接受重複**。禱告內容重複，並不表示它們是無意義的。恰好相反。長久下來，這些禱告往往塑造了我們，因為它們持續出現在我們的生活中。絕對要把聖靈引領的禱告帶進你的一天生活之中，而建立重複禱告的棚架，是鼓勵更多禱告增長的方法。

參考書目與資源

· 《公禱書》（*The Book of Common Prayer*）
· *Every Moment Holy*, Douglas Kaine McKelvey
· *Common Prayer*, Shane Claiborne, Jonathan Wilson-Hartgrove, and Enuma Okoro

Point

說出你的禱告，
直到你的禱告向你說話。

第4章

每日習慣2：
與其他人共進一餐

敬國王！　　——我的朋友之間常用的敬酒禱告

所以，擬定你的戰線。齊聚桌前，
向君王和即將來臨的國度舉杯慶賀，反擊吧。
　　——安德魯·彼特森（Andrew Peterson）

現在，讓我們吃喝吧。
　　——羅伯特·卡彭（Robert Farrar Capon）

▶ 把食物當作燃料

在我還是個傳教士、住在中國期間,我有一位美國朋友的生活效率無比驚人。他是個貪婪的閱讀者,超級理性,而且非常討人喜歡。這樣的結合讓他的談話妙語如珠,而且令人難以反駁。因此,我一直對他的生活和神學見解深感興趣。我接受了他推薦的所有書籍,甚至試圖採行他的一些生活習慣。

不過,他有個重大弱點。我有一次聽他說,如果他可以每天只吞一顆藥丸來補充所需的營養,而不用再吃其他東西,他會這樣做。這讓我大感震驚。

遠在美國於二十一世紀發生手作食物革命的好幾世紀前,中國人就深諳作為「美食家」的藝術。在中國,每個人都是美食家;我和蘿倫在這裡有吃不完的地方可以品嘗到讓我們驚艷不已的美食。

我現在明白了,當人們說「讓我們去吃中國**菜吧**」,這種說法就和說「讓我們去吃歐洲菜吧」一樣毫無意義,因為你沒有具體指出是中國哪個省或區域的菜系。中國每一省都有自己的獨特菜色(其間的差異就像法國菜和義大利菜一樣不同),而且每種都令人驚艷。我們一天花不到五塊美金,就能吃得像個國王一樣。

可是在這個美食天堂,如果有選擇的話,我的朋友卻寧願選擇不吃。這讓我大受衝擊,因為太反常了。但隨著時間過去,我反而對此越來越心有戚戚焉。

▶當吃飯成了一種不便

任何值得做的事情都會吸引我們深陷其中。我如果有一個重要會議要參加或者工作期限將至，那我一覺醒來想到這件事，只想趕緊進到辦公室，全心投入其中。這時候，早餐很容易就成為祭品，被獻祭在我的緊張或是渴望有生產力的祭壇上。

當我全神貫注在工作上，我最不想做的事情就是打斷我的心流（flow）去吃個點心或快餐。所以，我把午餐跳過。到了下午四點鐘，就在我準備收工、享受我的快樂時光之際，全世界都曉得他們還有事情要指派我當天執行。接著，所有重要的要求陸續下達，「準時回家吃晚飯」似乎是在還沒有電子郵件的遙遠時代才會有的過時傳統。

即使我也追求努力工作和專注工作這類美德，我卻有一個不合常理的古怪願望，就是「不需要食物」。我想要靠著腎上腺素和咖啡因堅持度過一天，我想到，「人活著不是單靠食物」這種想法或許是千真萬確的。我們也許可以只靠一股對人生的飢渴來維持生命。

蘿倫認為我的這種想法真是瘋狂。她不會持續超過兩個小時而不拿起手邊的健康小點心來吃。我要稱讚她，因為當我像她那樣做的時候，從未堅持到底。我很快（不是稍後）就撐不住了。邊走邊吃早餐或是跳過午餐不吃所帶來的短暫生產力很快就崩潰了，下午的時間變成了一場咖啡因災難，或者說一種只能用「餓極成怒」四個字來形容的心情。我只好用從販賣機

買來的偽食品匆匆填飽肚子，而且一個人獨自在下午過了一半左右，孤伶伶地在咖啡桌上吃著飯，那種感覺比一開始的時候更糟。

許多人在飲食的規畫上做得比我更好，不過，我定的標準很低就是了。而且，我不認為只有我是這樣。我們的文化普遍是以忙碌的行事曆為生活重心，然後再設法以用餐活動來填補周圍的空檔。這與「以餐桌為重心」來安排我們行事曆的優先順序，是截然不同的做法。

在一個崇尚忙碌的文化裡，我們似乎做了奇怪的翻轉。以個人的生產力和成就導向所導致的孤獨感，成了必需品，停下來與別人一起吃飯的時間反而成了奢侈品。我們活著當然不能不吃飯，所以我們做出讓步，停下來後，隨意用一些東西塞進我們的嘴裡，彷彿食物只是一種燃料——換句話說，我們的身體不過是一部機器而已。

但我們不是機器，我們是人。是一種受造要吃的族類。要有規律地吃，而且要與其他人一起吃。

養成每天與其他人共享一餐的習慣，可以把餐桌移回我們的行事曆中，以「我們是誰」以及我們受造要成為的那種族類（依賴他人的社群性人類）為中心，來安排我們的日程。

▶受造要吃

我們受造要吃的事實，充分說明了我們是誰以及神是誰。

我們不只是會饑餓的肉體，也不是只需要燃料的機器。我們是饑渴的靈魂；我們是渴望有人陪伴和享受餐桌之樂的族類。

我們對食物的需求說出了一個關於我們的深刻事實。它表明了我們需要神、需要其他人，還需要這個受造的世界。

我們需要吃東西表明我們仰賴神：作為神形象的承受者，我們和神之間的最重大差異，就是我們不像神一樣，我們倚賴我們身外的事物存活，食物每天都在提醒我們這個事實。

我們受造會饑餓，是因為我們被造是要盡情享用神的慷慨。即使我們每天多次滿足我們的口腹之慾，但它還是周而復始地又回來——彷彿這種食慾機制就是要被造得如此古怪。但這並不是我們墮落的表徵，也不是在新天新地來臨的那一天，我們就會克服這種惱人的食物需求。其實，要表達我們是受造的一種好方法，就是我們渴望享用上帝創造的盛筵。

我們需要吃東西表明我們互相依賴：從栽種農作物到準備食物的過程，若沒有彼此的互相幫忙，是無法完成的。這使我們有別於其他動物。儘管現代世界的生活讓食物上到我們餐桌的過程變得隱晦不明，但是我們所吃的每一餐都表明了在這背後存在著一個不可思議、彼此倚賴（我們倚賴鄰人、鄰人倚賴我們）的巨大網絡。

我們需要吃東西表明我們依賴創造：我們生活在一個互相犧牲的網絡裡。不論你吃的是菜或肉，你吃的每一口都意謂在某個時刻有東西為了給你生命而死。我們把那個東西吃進去後，它轉化為我們未來的生命。這個事實似乎清楚表明了一種

像基督一樣的內涵：我們得以持續每日的生活，完全仰賴其他生命為我們所做的犧牲。

餐桌是重心：當我們把食物看作燃料，就完全顛覆了這個觀念。如此一來，我們就不會感謝神；我們想當然耳地認為我們對食物有權利。我們不會感謝彼此；我們創造的食物系統會剝削那些種植、運送、準備和供應我們食物的鄰舍。我們不會感謝宇宙萬物；我們用漫不經心的態度貪婪地消耗著地球上的食物，彷彿這個世界是我們的，可以毫無節制地狂吃和浪費，而不是要治理和改善這個世界，使其興旺繁榮。

藉著重回「以餐桌為中心」的生活，來中止那種墮落的文化，並非只是少數鼓吹健康及農業的積極份子的責任，而是每一個按照上帝形象被造的人類的天職。基督徒的愛鄰舍天職一定不要忽略了我們每一天的飲食方式、我們吃了什麼食物，以及它們是如何到達我們的餐桌。

基於我們的集體生活是以我們需要吃為中心，我們也許可以說，餐桌是愛鄰舍的重心。每天至少與其他人共進一餐很重要，因為這個習慣要求我們以集體的餐桌為中心，來重新安排我們生活的優先順序，以及接受我們受造是為了食物和彼此的事實。

▶以餐桌為中心安排行事曆

我和蘿倫離開中國的時候，幾乎身無分文。我們的計畫

是她會繼續她的慈善顧問生涯，而我將會開始我的法學院生活（換句話說，她賺錢我花錢）。所以，我們能搬到華盛頓特區（全美房市最昂貴的地區之一）多虧一個好友的邀請，我們得以暫時居住在一個名為「弟兄之家」的集體宿舍裡，為我們的荷包省下不少錢。

這間宿舍的運作方式很簡單。它的房租很便宜，但是你必須參與煮菜、清潔的工作，還要一起用餐。這裡每天都會供應晚餐，你一定要出席。就這樣。你每週要負責一次晚餐，以及一次飯後的清潔工作。

你可能會認為，在華盛頓特區這種由緊湊行事曆和約會安排所構成的混亂世界裡，這樣的安排是一種不可思議的反主流文化行為，確實如此。當我跳上返家的地鐵時，我發現我班上的同學全都忙著展開下一回合的學習或會面。但我必須出現在餐桌前，以抵付房租。

這是一種深刻的養成過程。我在短短幾個星期裡，就與其他舍友變得非常親近，這不是因為我們花了很多時間在他們身上，而是因為我們有節奏地齊聚在餐桌前，共進晚餐。當我們的行事曆以餐桌為重心，我們的生活自然會向人際關係而不是孤單和忙碌來調整。

安排食物：想想看，以「每天共同的一餐為中心」來安排你的生活，這有多麼困難。你的行事曆必須與其他人同步、得做好規畫、還要一起採買食物，而且對食物有共同的價值觀和品味，還有，為了能準時來到餐桌前，得拒絕再多加班（或再

多貢獻其他額外生產力）一小時。

其實，我們為了要應付這種每天必須和其他人一起用餐的需要，不得不重新安排我們的生活。在談論理想的用餐習慣時，我不認為這是個尷尬的事實而要略過不談；因為這才是重點。我們的行事曆**必須**配合集體的餐桌來安排我們的時間。每天與別人共進一餐的習慣，便是朝這個方向來塑造我們。

即使我們不斷地失敗（這是不可避免的），但設法每天與其他人共進一餐的舉動本身，就使我們牢牢地置身於一股反主流文化的潮流中。但這股潮流其實是把我們**推向**我們的鄰舍，而主流文化則把我們推向匆忙的邊走邊吃偽用餐中，以及隨之而來的各種健康問題和孤獨感。

不要邊吃邊工作：在我還是一家大型律師事務所的新進菜鳥律師時，我對於別人提出的任何要求，害怕說不。結果是我從來都不知道我什麼時候才能回家。

我會在傍晚五點聯絡蘿倫，讓她知道我的情況。有時候我的回答是：「我已經在路上了。」有時候則是：「明天早上見。」我那時候有兩個還在襁褓中的男嬰，我缺乏一個正確的行事曆，這是造成我們家庭生活持續陷入混亂的根源。沒有一個人（包括我）知道自己應該要預期什麼。

在我因為焦慮而崩潰後的一段時間裡，我在妻子和朋友們的協助下，建立了一個「以獲得平靜來取代瘋狂混亂生活」為目標的行事曆，蘿倫和我後來發現，設定一個大致上得以持續的家庭晚餐時間，就是把一個社群之錨放進每天的生活中。家

庭晚餐時間意謂結束一天的工作，即使在我還沒有打算要結束當天工作的日子裡也一樣。

我們開始培養這種每日與人共進一餐的節奏，這麼做不僅是為了我們的家庭，也是為了保有一個合理而明智的行事曆，以尊重我們一天下來所能做到的極限。

就和大多數的限制一樣，我們很快就明白了與人共餐所帶來的自由大過限制。我知道，工作有時候會陷入極度忙碌的瘋狂中——像是一個併購案就要成交之際，我不得不日夜不停地工作，我以為這樣做沒問題。那就是客戶付我酬勞的原因。

但就像所有習慣的養成一樣，規範一個模式的力量，遠遠強過偶爾發生的例外情況。模式才是關鍵，例外不是。我的一個新規範是告訴其他人，我六點左右就要回家和家人吃晚飯，如果他們之後還需要我效勞，我會在就寢時間之後回來。

這改寫了遊戲規則，突然間，不只我的家人，我的同事和客戶的心中都有底了。截至目前為止，還沒有人對我的這項改變有任何負評。

我的行事曆現在以餐桌為中心，而不是讓餐桌來配合我的行事曆。

▶ 配置餐桌周圍的空間

我們夫妻倆在里奇蒙市買下我們的第一棟房子時（我們至今仍住在這裡），我的妻子試圖說服我，我們應該買下一張堪

稱完美、經典風格的柚木長餐桌。而那張桌子早已經出現在她的Instagram動態消息上，賣家是本地一個裝飾藝術交易商，她準備結束營業，正在清倉大拍賣。那張桌子會佔據很大的空間，它的漂亮紋理十分吸睛，它在向人懇求讓它成為家裡餐廳的主角。

我一開始並不同意。我試著用和緩的語氣跟蘿拉解釋，這張桌子的費用（儘管已經是拍賣價，而且是讓人心動的好價錢）會花掉我們原本就很微薄的裝潢預算的百分之十以上。但是她的態度堅決，指出它值得那樣的費用，因為它是一張會讓全家人聚在一起、圍著它而坐的桌子。它是一張你會在那裡招待鄰居的桌子。它是一張會讓你留下回憶的桌子。

我們當然買下了那張餐桌。我的妻子當然也是對的。

這張桌子很快就成為我們家的中心，以它為重心來建構家中其餘地方。我們一家六口每天在這兒吃喝，但是可以再加入更多位子，可以增加到容納十六個人，甚至更多。

我當時不明白，但我現在看出了蘿倫當時是在爭取我們的家庭空間重心所在，而它的價值絕對值得佔所有家庭翻新預算的百分之十以上——因為這張桌子是生活發生的地方，它是一家人學習愛的所在。

▶ 愛的學校

不論你是與家人、朋友同住，還是獨居，家不僅是一個

你把大量時間花在其中的地方，它還是塑造你的地方。有鑑於此，一代又一代的基督徒把家庭描述為「愛的學校」。這句話是在強調，讓人生值得活下去的抽象事物，大部份是在家裡學到的（令人遺憾的是，也有不是的情況）。

家是第一個向我們展示「彼此相愛」這個基本人生目標和意義的地方。餐桌正是塑造這種行為的核心所在。

我們來仔細思考愛的價值觀是如何透過食物來傳達的。我們服務彼此。我們互相清理留下的髒亂。我們輪番上陣。我們共享。我們爭吵和饒恕。我們讚美和祝賀。我們表達感謝。我們說故事和提問。我們傾聽。我們聽到了彼此的禱告。

如果我們的家庭慣例是忙碌到無法與家人、室友或鄰居一起用餐，那麼我們應當至少要承認，我們的「家庭學校」不是一所愛的學校，而是一所忙碌的學校。在那間房子裡，我們教導彼此要怎麼忙過頭以致壓力纏身。或者廚房一團亂，無法做菜，或者餐桌太凌亂，無法坐下來吃飯。難怪我們最終會落得孤單寂寞，看著電視或電腦吃飯。我們的餐桌規範反映了我們的集體規範。

我們如何安排我們的空間，影響了我們如何安排人際關係。正如我們以餐桌為中心來安排我們的行事曆，以一張誘人的餐桌來安排家庭空間，是一件繁重的工作。

為人父母後，有件事讓我大感吃驚，那就是我和妻子花在清空留在餐桌上的衣物和孩子們的東西，以及備餐、上菜、飯後清理，然後又開始準備明天食物……這些事情上的時間，簡

直長得沒有盡頭。

許多年前，我回想起在一次宣教之旅中，有個人告訴在排椅子的人，說：「不要小看你們在做的事情。你們正在為福音創造觀點。」我當時聽起來只覺得老套，但我永遠忘不了那句話，因為我無法否認他說的是事實。

餐桌也一樣。為了創造一個可以讓人們吃飯和談話的地方，總得有人要做那些周而復始、永無止境的瑣碎家事，但是那個座位就是愛的所在。還有什麼比這事更值得我們花時間去做的呢？

我現在把那些重複而沒完沒了的瑣碎家務清單——做菜和清理、擦拭和掃地——看作一種像基督一樣的創造及服事行動。我們注入活力創作出色香味俱全的菜色，然後我們整理。我們收拾杯盤狼藉的碗盤使餐檯恢復整潔，把剩下的飯菜變成富有巧思的精緻午餐餐盒。我們把早餐準備好、一起小酌一、二杯後，關上燈，預備好要一次又一次重複這整個過程。然後，我們休息。這是為了愛而做，而這樣做是好的。

唯有如此，才能把沒完沒了的餐桌家事看成一種呼召，而不是浪費時間（不如用微波爐或購買速食便當）。反之，這是管理家庭用具，並且使用它們來服務愛的學校裡的成員。任何夜晚做這項家務都非常辛苦，但是作為一種生活習慣，它的回報一樣驚人。

不過，我們才剛開始去愛。以餐桌為重心，奇妙的事發生了，我們突然發現它開始把其他人拉進了它的軌道。

➡ 吸引鄰舍加入

我成長於一個有六個孩子的家庭，我的五個兄弟姊妹現在都定居於里奇蒙市。截至現在為止，我們的家族有四個新加入的結婚配偶、十二個孫子女，和兩隻狗。我的父母親和所有手足都住在同一個城市固然很棒，但我們很快就看出，我們的生活現況和行事曆會很難協調出一個所有家族成員全都有空參加的家族聚會——除非定期舉辦，我們才能據此排定優先順序和規畫行事曆。

因此，我們在兩年前開始了一個家族傳統，就是全體家族成員二十四人（仍在增加中，但不包括幾隻狗）都要參加週日家族午餐聚會。這讓我們得以照著一個預期的節奏，在當週找到一處可以讓所有人齊聚一堂的地點。堂表兄弟姊妹的孩子們可以在那裡嬉戲玩耍，所有大人則可以吃喝聊天。

雖然這種週日家族午餐聚會的習慣一直是一種良好的節奏，把我們聚集在一起，但也可能具有排他性。星期日下午經常是我的鄰舍的閒暇時間，也是人們在教會或工作上遇見我而給了我們可以共處的時間。換言之，我總是在星期日和家人一起午餐，反而可能成為我和那些沒有家人朋友陪伴、孤身一人的人之間的隔牆。

一年多前，我們突然靈光一閃，既然我們家裡已經放了一張可以坐上二十多人的餐桌，那麼再多擺上兩三個盤子也不是什麼難事。所以，我們開始每隔兩個星期邀請人來家裡吃飯。

在過去的三個星期裡，我們家的餐桌每週都可以看到許多人在此聚集。

令人驚奇的是，他們竟然能完全融入其中。我們的客人從同條街上一個街坊鄰居的小孩到一對剛搬來鎮上的老夫婦，不一而足。我們本來就會招待與我們家熟識的老朋友。就在前幾天，我邀請了一個才剛認識的里奇蒙新居民加入我們。

定期開放家庭餐桌，創造了一種仿效領養倫理而產生潛在影響力的基督徒生活——開放而非關閉家庭。在給孤獨者的禮物中，很少有比邀請他們加入這個圈子更珍貴的了。這不會自動發生，但你一旦養成了餐桌的習慣，所需的就只是再多加一張椅子而已。當我們把定期齊聚餐桌的習慣與持續開放餐桌椅子的習慣兩相結合，就會過上一種最甘甜、最有影響力的生活方式——向外界開放，愛我們鄰舍的生活。

想要培養餐桌的習慣，絕不能讓我們與外人隔絕。幸好，不必如此。一張救贖的餐桌是邀請外人加入。或許更重要的是，它邀請他們參與一個值得加入的地方。

我們如果不刻意形成一起吃飯的群體，就沒什麼太多名目可邀請人了。但是當我們透過食物形成一個多樣化群體，它所傳達出關於神與其子民的信息，遠比話語更有力。誠如克莉絲汀・博爾（Christine Pohl）寫道：「我們如何一起生活，或許是我們最偉大的講道。」[1]

---

1 Christine D. Pohl, *Livinginto Community: Cultivating Practices That Sustain Us* (Grand Rapids: Eerdmans, 2012).

⬛ 世俗年代裡的一道光

我最欣賞的一位文化評論家肯恩・邁爾斯（Ken Myers）指出，我們今天在美國所經歷到的那種無神論，不是一種結論，而是一種情緒。[2] 這是一個極為重要的觀察：如果世俗主義不是一種結論而是一種情緒，我們就不能用說理來破除它。**我們必須透過「同在」來破除。**

事實是我們今天所生活的文化，絕大多數人明顯抗拒聽福音。而且，其中一些人似乎真的聽**不**進去。我們不再有共通的語彙，來交流真理是否存在、什麼可以被稱為善，以及何謂愛。但，那沒有關係。神不驚慌。我們身處的世俗年代不是傳福音的障礙，只是傳福音的地方。[3]

從中國回來後，我一直對問這個問題興致勃勃：「西方怎麼能再被福音化？」[4] 我之所以深受習慣的生活所吸引，其中一個原因是我把習慣看作黑暗年代裡的一道光。培養一種超驗習慣的生活，意謂我們平凡的生活方式，應該要在我們的文化裡顯得獨樹一幟，猶如蠟燭在漆黑的布幔上跳舞。麥德琳・蘭

---

2 Matthew Levering 訪談, *Mars Hill Audio Journal,* volume 135, part 2, 2013.

3 提到世俗年代，我想到了 Charles Taylor 的行事作風，以及像是 James K. A. Smith 這些詮釋他的人，他們使用這個詞時的意思。參見 James K. A. Smith, *How (Not) to Be Secular: Reading Charles Taylor* (Grand Rapids: Eerdmans, 2014).

4 我在這裡跟隨 Lesslie Newbigin 的腳步；參見 Lesslie Newbigin, *Foolishness to the Greeks: Gospel and Western Culture* (Grand Rapids: Eerdmans, 1986) and Lesslie Newbigin, *The Gospel in a Pluralist Society* (Grand Rapids: Eerdmans, 1989).

歌（Madeleine L'Engle）曾寫道：「我們不是靠大聲詆毀人們的信仰，來吸引他們歸向基督……而是向他們顯明光是如此美好，而讓他們一心想知道光的源頭為何。」[5]

我會設法證明通用準則裡每一項愛鄰舍的習慣，都扮演著這種「如此美好的光」，而這從餐桌開始。在一個世俗的年代裡，吃飯可能是我們傳福音的最好機會。羅莎麗・巴特菲爾（Rosaria Butterfield）在她的著作《一把家庭鑰匙傳福音》（*The Gospel Comes with a House Key*）中，描述了這種強大的倫理觀。她本來強烈抵擋基督教信仰，後來透過結識一位牧師友人，以及家人持續不斷地邀請她加入他們的餐桌，她轉而成為耶穌敬虔的跟隨者。

唐・埃佛茲（Don Everts）和道格・蕭普（Doug Schaupp）在他們合著的《我曾迷失》（*I Once Was Lost*）一書裡提到，對我們那些還不認識耶穌的鄰舍而言，他們有幾個主要需要，其中一個就是信任一個基督徒。[6] 這要從哪裡開始呢？餐桌——用愉悅的談話和幾張舒適的椅子精心布置的餐桌。

一種共融文化

現今，經常獨自一人吃飯的美國人比以往任何時候都多。

---

5 Madeleine L'Engle, *Walking on Water: Reflections on Faith and Art* (New York: Random House, 1980), 191.

6 Don Everts and Doug Schaupp, *I Once Was Lost* (Downers Grove, IL: InterVarsity Press, 2008), 29.

食物的目的本是讓我們與神、與鄰舍、與創造相互連結，但是我們今天所生活的文化，反而發展出一種讓我們與人隔離而越發使我們孤立的用餐習慣。要瞭解通用準則裡每天與其他人共進一餐的習慣的最佳方式，就是把它看成在黑暗的孤寂文化裡，打開那道同在之光的一種方式。

和所有習慣一樣，這個習慣是為了把福音的節奏融入我們的日常生活中，讓這些節奏成為我們和鄰舍的祝福。

救贖的核心應許是因為耶穌的死亡和復活，神和人將會再次一起吃喝。世界末日的最高潮不是發生在雲裡和豎琴聲中，而是出現在一場盛筵裡。在羔羊的婚筵中，神再次與我們同在享用盛筵。

但是，我們受邀不是因為我們的任何事功。我們受邀全是因為耶穌所成就的事。這也是為什麼基督徒會定期來到聖餐桌前，享用基督的身體和寶血。這是為了提醒我們，因著基督我們將會透過食物再次與神相交。

每天透過食物找到彼此，就是在我們的家庭、辦公室和鄰里街坊裡，栽培一種共融（或團契）文化。我的朋友德魯喜歡說「天國的事工從餐桌開始」。我同意這句話。所以，讓我們吃喝吧！

實際操練指南
與其他人共進一餐

擁抱

每週習慣

每日習慣

愛鄰舍

一分鐘重點整理

我們受造要吃,因此餐桌必須是我們日常生活的重心。

養成每天與人共進一餐的習慣,迫使我們重新定位我們的行事曆、食物,還有以「彼此為中心」的空間。我們越以餐桌為日常生活的重心,越會吸引我們的鄰舍加入福音社群。

三種開始的方法

1. **家庭聚餐**。加入家庭的早餐或晚餐節奏,或許是最好的開始方式。選擇最適合你家庭成員的一餐,然後設法使它成為你的行事曆之錨。

2.**常態性的同事午餐**。建立一個固定與同事午餐的習慣，是一種很好的方法，可以在上班日中創造一個有意義的休息空檔，也能建立人際關係。試著把一群人聚在一起午餐，然後挑選一個固定時間。成員不一定每次都要參加，但有個常態性時刻讓其他同事知道他們可以在這段時間一起吃飯，對建立一個習慣和創造一種共融文化大有幫助。有時候，邀請一個新同事或孤單的同事加入一個常態性群體，要比一對一的方式更容易。

3.**孤單一人但仍與人共餐**。如果你希望和家人或朋友一起吃飯，卻發現自己孤單一人時，讀這一章對你可能有困難。我想要你知道，羔羊的晚餐在等著你，而且總有一天所有的孤單寂寞都會永遠消失。我的一個單身朋友養成了一種習慣，他固定每個星期至少會有一次在同一家餐廳的吧檯吃飯。他是那裡的常客，總是跟服務生或其他坐在吧檯前的客人聊天。

或許你處在痛苦中，但不妨考慮試著成為別人的祝福，在固定的時間出現在固定的地點吃飯，但不要有手機的干擾或戴著耳機──請以一種邀請人談話的姿態出現。

要注意的三個重點

1.**營造空間**。空間大有關係，如果是在家，清空餐桌上的雜物，餐桌是吃飯和談話的地方。或許，可以在桌上點根蠟燭。你需要一個會吸引你進去的空間。

2.**餐桌上的問答**。我的家人試圖讓用餐時間變成刻意與人連結的

時刻，我們採用的方法是點上一根蠟燭、禱告（每個人都知道要禱告什麼，我們才能輪流禱告），還有固定的問答問題。在早餐，我們的問題是：「你對今天有什麼期待？」以及「你對今天不會期待什麼？」在晚餐時間，則是問「一件好事、一件壞事、一件趣事」。和朋友一起的話，我一直很欣賞「一次談話準則」（One Conversation Rule），也就是說，在用餐的某個時點，每個人都有一次對話時間，而不是有許多桌邊聊天。

3.**對外開放**。我的朋友湯姆嘗試在星期五晚上，開放家中的晚餐。他的家人一樣吃著便宜的簡單自製披薩晚餐。這麼做的好處是簡單、不必大費周章備餐，沒有人需要為此而想破頭。他每個星期五都會邀請新的人參加。這是一種很棒的方式，沿用家庭的晚餐節奏並向鄰舍開放。另外一種方式是在前院或前廊吃飯，而不是隱密的後院或後廊。

參考書目與資源

· *The Supper of the Lamb*, Robert Farrar Capon
· *The Gospel Comes with a House Key*, Rosaria Butterfield

Point

世俗主義不是一種結論，而是一種情緒，
那意謂著不能用說理來破除它。
我們必須用「同在」來破除。這就是餐桌的本質。

第5章

每日習慣3：
關閉手機一小時

以致我要躲避祢的面；我必在地上流離失所。
　　　　　　　　　　　　　　　──該隱（加音）

跟我玩。　　　　　　　　　　　　──我的孩子們

我聽見有大聲音從寶座那裡發出來，說：「看哪！
神的帳幕在人間，祂要與人同住。」
　　　　　　　──啟示錄（默示錄）21章3節

賈斯汀？　　　　　　　　　　　　──我的妻子

心不在焉

　　辦公室的line群組在下午兩點響起。蘿倫的來電剛好也在這個時候響起，要進行我們平日的下午行程確認。我想像她才剛給孩子們換好尿布，或是才剛把他們託給褓母，現在正往一場午後會議的路上。我闔上筆電，戴上耳機話筒與蘿倫通話。

　　我邊跟她通話，邊在辦公室裡走來走去。她在電話一頭告訴我她在上午發生的事情。

　　華盛頓國民隊昨天晚上贏得很辛苦，險勝而已。總統說了一些煽動性的言論，所有電視新聞媒體都認為那是國家危機，而沒有對他的談話置之不理。唐就我們昨晚討論的文章，發了封簡訊給我。我記得我得回覆克里斯，下星期四是否可以和他一起喝一杯。但有人回推我的推特，我或許應該要先回應對方，或者——

　　「所以，你怎麼想呢？」蘿倫說，把我從心猿意馬中拉回來。我根本不知道她剛才說了些什麼，因為我早已不自覺拿起我的手機，開始滑手機查看通知。

　　我不知道哪個更讓我感到羞愧，是我忽視了生命中的摯愛，還是我一直都是如此。當我停下來思索我的這個習慣（不論是和我的妻子通話，還是跟一個客戶進行電話會議），我總是感到一種朦朧的罪惡感。我告訴對方我正在跟他們講電話，但我的注意力其實是在別處。或許，我跟他們撒了謊，謊稱我人在那裡，也或許我在騙自己不論我把自己的同在（presence）

分身到幾個地方，我依舊可以面面俱到。

　　無論是哪個，我都對自己撒的小謊感到不安。我試圖一次出現在兩個地方，結果是我兩邊都缺席。

　　這是我們今天使用智慧型手機所面臨的最大掙扎。手機的發明令人驚異，使我們可以跨越時空的限制來傳達我們的同在，但也因為相同的原因而產生危害。手機可以讓我們分身成好幾個存在，以這種形式跨越時空，直到什麼都沒有留下。通常會發生這樣的情況，都是習慣造成的，如同我用手機和妻子通電話，卻又同時做兩、三件其他事情。

　　我們無意要過缺席的生活，但若沒有建立起有意義的抵制習慣，我們做不到無視手機的存在。我們若什麼事都不做，一定會過上一個把自己的存在不停分身出去的生命。那樣的生命根本算不上是生命，因為同在才是生命真正的本質。

▶ 生命是同在，不是缺席

　　「同在」是我們身分認同的核心，因為同在是我們與神關係的核心。從創世到救贖，聖經的故事基本上是一個關於同在的故事。伊甸園之所以為伊甸園，是因為神在那裡直接（不透過中保）與人同在。神與亞當和夏娃（厄娃）同在，直到罪破壞了這種與神同在的福樂。

　　在吃了善惡樹上的禁果後，亞當和夏娃突然想以衣服遮蔽身體，並躲藏起來。如同我們現在所知，這成了人類生命的印

記。我們躲避彼此，也躲避神。我們渴望見神的面，卻也無法承受神的注視。

罪把一種本來是為了同在而受造的族類，轉變成一種缺席的族類，但幸運的是，聖經的故事並未在這裡就結束了。自從人類第一次走向伊甸園東邊，遠離了神的同在，神就把後續的故事用來追蹤祂的百姓。

首先，神跟著祂的百姓穿越荒漠和曠野。祂出現在煙柱和荊棘叢中，祂出現在午夜的夢中和火柱之中。祂在一座山上、在一處會幕和聖殿裡顯明祂的同在。以色列人因為這件事而以神的百姓著稱：**神曾與他們同在**。

神的同在在《新約》的救贖故事中來到最高潮。耶穌被稱為「以馬內利」（厄瑪奴耳），因為這個名字的意思就是「神與我們同在」。

耶穌來是為了使神和人可以重新在一起。祂藉著自己的死和復活來成就這事。透過在十字架上救贖我們的罪、在復活中打破死亡的權勢，耶穌清除了通往神同在道路的障礙，而再次成為我們現實生活中的基石。如今，基督徒就像以色列人一樣，被「神與我們同在」所定義，我們因此有了聖靈（聖神）的內住。

此外，我們的一個很大盼望是完善這個同在。在即將來臨的國度中，神會注視著我們，而我們會回頭凝望祂。在神的目光裡，我們將會發現我們生命的定義，其實也是萬有的定義。

這是為什麼對於基督徒而言，同在是一切事物的核心。

◗ 手機、同在與分身

在羅琳（J. K. Rowling）的奇幻小說《哈利波特》中，我最喜歡的一個概念是佛地魔的分靈體。為了戰勝死亡本身，佛地魔把自己分裂成七個不同的分靈體，即使一個被殺死，他還有其他分身。但他沒有領悟到，他在設法到處增生自己的分身時，他也在撕裂自己的靈魂。到最後，正是這種要讓自己無處不在的努力，導致他最終徹底消失。

我們試圖讓自己出現在每一個場合，也是類似的行為。作為神形象的承受者，我們有一種強大的「同在」可以給別人。但不同於無所不在的神，我們的同在是有限的。渴望無所不在是一種錯誤而扭曲的野心——妄想成為神。那不是我們受造的目的。如同所有試圖要成為神的種種努力一樣，最終都會毀掉我們。

當我們試圖要無處不在、出現在每一個場合時，最後只會落得哪裡都出現不了。當我們試圖擺脫我們受限的同在，總是會淪為缺席的奴隸。但是，當我們欣然接受「我們只能出現在一個地方」這個現實時，反而就能察覺到出現在那個地方的深刻喜悅。

這是我們為什麼要注意自己使用手機的習慣。手機是一種工具，可以讓許多事情成為可能，但永遠不會讓我們的同在增加。當我們以那種方式來使用手機，只會帶來缺席，而這種缺席導致今天世界出現許多破碎。

　　來思考一下現代人使用手機來製造「分身」的各種情況：邊工作邊渡假、約會時檢查電子郵件、發情色簡訊給從未見過面的陌生人、陪孩子玩時接聽電話、晚餐被新聞通知干擾、發製造衝突的貼文而不是與當事人當面溝通、只是拍下窮苦者的照片而不是幫助他們、偷拍別人、窺看當事人不願被公開的影片……

　　為了要「與」每個人在一起（我們身邊的人除外），我們在社群媒體的貼文中規畫我們的一生。這些全都是我們製造分身的方式，這確實對我們和我們的鄰舍造成了傷害。

▶ 抵制缺席就是「同在」

　　抵制「缺席」，是為了把我們的「同在」給予其他人。以下提供一些我用過的方法。

關閉手機與家人朋友在一起

　　我的姊夫唐告訴我有一天晚上發生在他和兩個孩子身上的事。他們當時正在客廳一起嗨唱電影《獅子王》的原聲帶（那恰巧是我對美好星期二晚上的一個點子）。

　　掃興的是，當他們唱得正嗨的時候，手機語音助理Siri的聲音透過藍芽喇叭放送出來，說她要從手機通訊錄裡隨機找個人通電話。因為他們在唱的〈生生不息〉（Circle of Life，獅子王片頭曲）裡面有句歌詞不知為何聽起來很像是「嗨，Siri」，這引起了唐的手機的注意，他的手機當時放在廚房裡。

小詹姆士和艾里停下唱跳，唐趕緊衝到手機旁阻止她打電話給通訊錄裡某個十年前的聯絡人，以免Siri擅自幫他們父子三人的晚間狂歡秀增加一個觀眾。

唐告訴我這件事後，我們倆大笑了起來，我們笑主要不是因為這通電話毀了他們的歡樂時光——他們很快又繼續下去——而是我們想到這件事的時候，這通干擾電話既好笑又耐人尋味。對唐而言，那是一次頓悟的時刻。他告訴我：「我們的手機迫切需要我們的注意力。」在這個例子裡，手機確實如他字面所言——大聲呼叫，以吸引我們的注意力。

注意力是我們的寶貴之物，我們的生活則是由我們所關注的事物組成。這意思是，我們身邊有許多迫切需要我們注意力的事物，而我們的生活會被我們所留意的那些事物所控制。如果我們以嚴肅的眼光看待那通電話的事，就不得不承認我們的手機在業者的精心設計下吸引了我們大部分的注意力，然後把它賣給廣告主。

在這背後有一個強大的金錢誘因，而這點建構了我們所有3C裝置的功能。這不一定會讓它們變成邪惡的資本主義機器，但可以確定它們一點都不中性。這意謂我們必須嚴格管控我們的3C裝置，因為它們不會管控自己，反倒很喜歡管控我們。

研究顯示[1]，讓手機處於靜音狀態或是放在房間裡，與關閉

---

1 Adrian R Ward. Kristen Duke. Ayelet Gnee»y, and Maarten W. Bos, "Brain Drain: The Mere Presence of One' s Own Snwitphono Reduces Available Cognitive Capacity," *Journal of the Association for Consumer Research* 2.2, April 2017,140-54.

手機或放在看不到的地方，是截然不同的情況。所以通用準則才會建議你，關閉手機一小時。現在就試試看吧，就當是做個實驗。而我要向你提出挑戰，等關閉手機後再讀下一段。

首先，我幾乎可以肯定，就在你要關機之際，你會被一些手機通知轉移注意力。如果你能在五分鐘內回神過來，我會很佩服你。

再來，既然你已經關手機了，你可能會察覺到一種明顯的孤獨感——彷彿有人走出房間，很可能還夾雜著些許焦慮不安或恐懼，因為當我們關掉手機，就表示我們切斷了出現在其他人面前的機會。我們無法聯絡別人，別人也聯絡不到我們。正是這個原因令人感到心慌，這也是我們為什麼應當養成每天關閉手機的習慣的主要原因。

這個習慣的目的是定期切斷可以被其他人聯絡到的可能，因此在這個限制時段裡，我們可以專心陪伴在一些人身邊。對我而言，那就是我的孩子們。陪伴孩子需要高度的專注力和充沛精力，而且當你心不在焉的時候，他們總是知道。

我自己就注意到，我的兒子庫爾特很喜歡用他的尖叫聲來吸引我的注意力，但是當我在看手機時，他會停止這樣做，改成拍打東西，有時候還會拍打我。其他時候，他都不會這樣做。他還不會說話，但他已經知道我對某個螢幕的關注，不同於我對煎鍋或吉他的注意力，他會據此出現不同的反應。

我的手機關閉時間，從我下班回到家後不久就開始。這是一天當中最難熬的時刻之一，因為孩子們忙著吸引我的注意

力，但我仍在努力從工作一整天的狀態中恢復過來。我的習慣是換好衣服，發完最後一封確認電子郵件，確定辦公室的事情都沒有問題（如果不行，我會交代一個同事，我會晚點再用電話回覆他們），然後關掉手機，把它放進五斗櫃的抽屜裡。

那種感覺很奇特，彷彿你在床墊下藏了個寶物，你雖然離開了，但心還停留在那裡。你可以想像它就待在那裡，置身在一片黑暗中。

奇妙的是，關掉手機之後，不論是和孩子們騎腳踏車到公園、在客廳的地板上發動一場摔角大戰，或是一起擺設餐桌，在當天那個時刻，我的同在有了截然不同的意義——我和他們在一起。不論我們那時候在做什麼，我們就是在一起。

為人父母是很辛苦的事，因為孩子們總是無止境地需要你的關注。但我的深切渴望是全力滿足那樣的需求。我想要成為他們在天上的父的映照。當他們抬起頭尖叫著說「跟我玩！」的時候，我希望他們能看到我在回頭注視著他們——而不是埋頭在手機前，他們必須爭取我的注意力或是用不當行為打斷我的注意力。我希望他們知道，我在關注他們。因此，當我和他們在一起，就是真的和他們**在一起**。他們有我的目光、有我的關注，換言之，他們有我的愛。

這與我渴望帶給朋友和熟人的關注並無不同。舉例而言，當我和友人一起用餐時，我們彼此關注對方。那是一段沒有手機插入的美好時光。

如你所想的，我確實會在我的孩子和友人身邊隨時使用手

機。有些日子，我判斷我必須在晚餐時把手機打開或是帶在身邊，以因應公事上的緊急需要，而手機是我唯一可以離開辦公室的理由。此外，當我不在妻子身邊時，我也不會關手機（除非她知道我要關手機）。

如果我非得在和別人說話的當下使用手機，我的習慣是請對方見諒，並告訴他們原因。在和別人談話時含糊地回應「嗯……對……」，以及在和別人說話時，查看手機後說：「對不起，我必須讓我的妻子知道我什麼時候回家。」這兩種同在的情況存在著巨大差異。

蘿倫和我也對孩子這樣做。有很多時候，我有充分的理由請他們等一下，讓我在電話中處理一些事。我們的習慣是告訴孩子們我們在做什麼，通常他們願意等我們處理完這件事，講清楚為什麼很重要。「你已經處理完那個重要的工作電子郵件了嗎？」這是我常常從兒子們口中聽到的話。但那不是因為我總是在用手機，純粹是因為我在使用手機的時候，我會告訴他們我那樣做的真正原因。

如果我不願意告訴別人我為什麼要請他們稍等，通常是因為我沒有充分的理由請他們那樣做。

在工作時關機

我有個客戶有次在星期五下午打電話給我，詢問我下星期一的行程安排情況，我當時感到如釋重負。每次只要有人問我週末的行程表，我都會很緊張，所以我很開心聽到他沒有問我

「這個週末」的行程安排怎麼樣。

他的公司正在收購一家加拿大工程公司，他對於他們所委託的一家加拿大公司所草擬的協議內容有疑慮。我們之前已經協助他完成許多國內收購案，因此他希望我能幫他再仔細檢查這份協議草案。「他們會在星期一寄給我協議內容，」他說，「如果我馬上轉寄給你，你需要多久時間審閱並回覆我？總計九十多頁。」

（重要插話：在過去，一份九十頁的股權收購協議需要花上我三天多的時間，還有一筆昂貴的咖啡預算來完成。）

「三、四個小時，」我說。他接著說：「太棒了。因為我們在星期一中午過後不久，就需要你的意見。」

星期一上午，我收到協議草案後，我把它列印出來，關掉我的電腦，把手機留在辦公桌上，身上只帶著一支筆和一疊紙，就往兩個街區遠的一家咖啡館走去。我感受到一股不同於以往的焦慮感，但我告訴客戶我會幫他好好把關。我很清楚我如果要在時限內完成，我不僅要推掉當日上午所有其他公事上的要求，更要防止我的腦袋分心。

在一個小時裡，我感受到一種只來自全神貫注於重要工作上的強烈愉悅感——現在，這種現象經常被稱為「深度工作」或「心流」。[2] 這是全神貫注於工作時會發生的狀態，這永遠不會發生在手機響起時。

---

2 See Cal Newport, Deep IVorA. (New York: Giand Central Publishing, 2016).

　　我知道在這段時間裡，有找我的電話還有新的電子郵件正陸續進到我的收件匣裡，但下午在等著我。我學到一件事，就是如果我不讓其他選項保持安靜，只專注在一件事上的話，那麼一件原本只要全神貫注三小時就能完成的工作，會因為許多沒必要的分心和干擾，演變成脫序的三天專案。

　　我在中午帶著一份手寫的「問題清單」（寫在協議草案背面）回到辦公室。我把它打好字後，用電子郵件寄出，然後開始回覆上午的來電。

　　我在此分享這個故事，不是因為那是我的常態，而是那對我是不尋常的一次勝利。我之前便經常面臨類似的請求，但結果卻大不相同。因為我隨身帶著手機，我被偽裝成重要請求的緊急要求分散了注意力，最後落得只能當面向客戶賠罪、低聲下氣地要求給我更多時間的下場。

　　我們每天互寄各式各樣的電子郵件：「很抱歉，早上忙到令人抓狂，發生了點狀況。我可以明天跟你要那份報告嗎？」每隔一陣子就會出現這類請求，但它們幾乎毫無例外就是一個煙幕彈。其實，令人抓狂的不是早上，而是我。我把早上搞得讓人抓狂，是因為我沒有辦法專注在工作上。

　　在智慧型手機的年代，能夠堅決地抵擋分心事物的能力不僅成為最重要的職涯技能，也關係到我們是否能夠透過工作去愛我們的鄰舍。如果「我們的工作基本上是良善的，因為我們（如同神一樣）命令這個世界服務我們的鄰舍」是一件事實，那麼愛鄰舍的問題就是：我是否過度分心，以致無法好好服事

我的鄰舍？

　　愛可以透過各種方式來表達。在飲水機旁傾聽同事。留意你的公司政策是否只把員工當作一種資源，而不是把他們當成人來對待。學習給人鼓勵和提出有建設性的批評，而不要只是把人批評得體無完膚。

　　這些都很棒，但還有一個更基本的工作態度：我們真的為我們的客戶、顧客和上司，把工作做好了嗎？我們給了他們這個能提供優質產品或服務的事物——也就是我們的「全神貫注」了嗎？

　　對鄰舍心不在焉不是愛鄰舍。無論是在我們的困境或辦公室裡，這都適用。在工作中保留一段關閉手機的時間，是透過工作愛鄰舍的一種核心習慣。

關閉手機以尋求寧靜

　　在我因為焦慮不安而情緒崩潰後兩個月，我拾起了朋友喬西先前寄來的一份新聞通訊。當我瀏覽上面的圖片時，我看見了數學家帕斯卡（Blaise Pascal）著名的金句被框起來：「所有人類問題的根源，就出在無法安靜地獨處一室。」

　　一股恐慌的感覺襲來，我馬上把通訊翻面向下放在廚房的邊桌上，然後離開。那種感覺彷彿我被那句話給刺傷了，我需要讓它們從我的視線離開。我為什麼感到害怕？因為我知道那句話一針見血。

　　在我情緒崩潰最嚴重的期間，我開始對自己的心思意念感

到害怕。一般來說，每當我獨自一人時，我內心發出的刺耳噪音（任意冒出的欲望和自我責備）就會像尼加拉瓜大瀑布一般傾瀉而下。這些想法似乎不受控制，我在恐慌症發作的那段期間裡，這些噪音的音量飆高，成為難以忍受的咆哮聲。

很諷刺的是，在我們飽受情緒折磨期間，分心具有兩種效用：既是最好、最快的解決方案，同時也是問題的病根之一，這實在令人心酸。當我們從分心狀態中離開，寂靜的咆哮聲隨之而起的時候，我們就必須面對這個揮之不去的問題：既然沒有人在看，那真正的我們到底是誰？

要能在靜默中保持平靜安穩，我們必須認識我們的靈魂、知道我們究竟是誰，而且能完全接受那樣的自己，與那個自己和平共處。這正是我們為什麼想要逃離靜默的癥結所在：因為我們不知道自己究竟是誰。即使我們知道，我們也對那個自己感到恐懼。靜默迫使我們面對這個事實，因此我們不惜一切都要逃避它。

在讀了帕斯卡那句「無法安靜獨處」的名言後的兩年裡，我開始體悟到我必須正視我對靜默的恐懼。我必須不害怕無聊。我必須培養出能夠凝視牆壁而心率不會上升的定力。

大約在同一時間，我開始加入本地一個類似修道院的靈修避靜中心「里奇蒙山丘」（Richmond Hill），每年兩次與其他人一起參加一天的避靜活動。當我第一次踏進房間，避靜中心的負責人告訴我們，我們要從一個二十分鐘的集體靜默開始，我當時真的很害怕。一開始，那種感覺實在是很恐怖，我的腦袋

彷彿在攻佔諾曼第海灘，我被自我厭惡和自我懷疑的子彈炸成碎片。

然而，我熬過來了。

任何對我們有益的事物，一開始都會讓我們感到痛苦。靜默也一樣。但在那天活動結束時，彷彿靜默本身開始鬆綁了我心中的糾結。我現在明白了事實就是如此，因為經常性的分心和注意力不集中，一開始就把我綑綁住了。

▶ 用靜默愛鄰舍

靜默一開始是個人實踐，但最後總會變成公共道德。只要思考社群媒體的現況就知道了。它以我們所知的形式存在，因為在使用社群媒體之前，我們不知道自己是誰。我們若無法在靜默中回答我們是誰這個問題，我們也無法在公眾場合回答這個問題，於是我們透過操控社群媒體，來向世界宣洩我們的不安全感。

我們總是以一副進攻者的姿態來隱藏我們的困惑。如果我們反對某人或某事，就足以創造我們當天的身分認同，換言之，我們利用攻擊別人來獲取我們所需要的短暫身分認同。我們不知道自己是誰，所以我們也讓別人感受不安全感帶給我們的痛苦。

只有在知道自己是誰時，我們才能去愛別人。我們只有在這個時候才能真正地傾聽別人。如同凱爾‧大衛‧班尼特（Kyle

David Bennett）在一本探討靈性操練是為了愛這個世界的著作裡，如此寫道：「如果我們從未讓她說出內心話，因為我們總是在喋喋不休，那我們如何能愛我們的鄰舍呢？」[3]

還有，當我們培養出內在的寧靜節奏，我們會開始留意良知的聲音、上帝對世人的愛，以及鄰舍的聲音。然而，我們很有可能因為自己始終安靜不下來，就避免了與自己的良知產生衝突，而錯過這些重要的事。

想像一下，馬丁・路德・金恩（Martin Luther King Jr.）當晚半夜人在廚房裡。他當時面對死亡威脅的壓力，無法入睡。如果他當時受到手機的干擾而分心去想，那會發生什麼事？顯然他會對痛苦感到麻木，他將聽不到上帝告訴他：「為正義挺身而戰，為真理挺身而戰；而且神會永遠與你同在。」那麼，我們會錯過多麼大的對鄰舍之愛。

誰知道神正在呼召誰成為下一個先知呢？我認為這些先知會更密切留意聆聽寂靜的聲音，而非社群媒體的噪音。我祈禱他們都能確實地這樣做。

▶ 培養一種同在的生活

當我想到每天與蘿倫進行的下午「彙報」，我就感受到一種奇妙的婚姻悖論。婚姻之所以不平凡，是因為無聊、平凡的

---

3 Kyle David Bennett, Practices of I ore: *Spiritual Dis< iplines for the Life of the World* (Grand Rapids: Baker, 2017), 125.

例行日常生活事務，以一種方式將兩個人緊密結合在一起，永不分開。平凡催生出不平凡。平凡為卓越非凡鋪平道路。因為除了蘿倫，我找不到其他人可以這樣聊一聊——每天下午兩點咕噥說著今天過得怎麼樣、隨意聊著晚上的計畫，最後以「我也愛你」來結束。

這種幾乎是不自覺的美好慣常行為，若沒有手機是不可能實現的。然而，我不自覺就與自己的手機互動的習慣，常常危及了這個美好例行事務的生命。

你可以使用手機，為你所渴慕的愛、生命和同在添加燃料。你也可以反其道而行，那麼手機會搶奪你為此而受造的一切事物。但要記住了，手機不是中性的。我們若沒有養成保護我們免於錯誤使用手機的習慣，就無法正確使用手機。如果我們什麼都不做，手機會把我們帶向缺席。

有鑑於此，我們一定要養成抵制缺席的習慣——因為我們是為了同在而受造。培養每天關閉手機一小時的習慣，這是一種核心習慣，可以改變你對手機的思維，促成全新的每日慣例，迎來一種同在的生活。

實際操練指南
關閉手機一小時

一分鐘重點整理

我們是為了同在而受造，但我們的手機經常是我們缺席的原因。想要一次出現在兩個地方，結果就是兩邊都缺席。

每天關閉手機一個小時，是把我們的目光轉向彼此，不論對方是我們的孩子、同事、朋友或鄰居。我們的注意力習慣就是愛的習慣。抵制缺席就是一種愛鄰舍的行動。

三種開始的方法

1.**在家時段**。我發現每天維持在同一時間關閉手機，有助於建立一種出現在家裡的節奏。以我家為例，晚上六點半到七點半是關閉手

機的最好時段，家人可以在這個時候聊天、玩鬧，齊聚一堂。

2. **工作時段**。每天上午選擇一小時關閉手機，可以是你開始的方式。選擇一個你認為適合的時間，可以讓自己暫時不受外界打擾，或是一段讓你得以保持全神貫注的時間，也可以是你要完成一件創意工作的時候。

3. **獨處時段**。你可以選擇一天開始或結束之際的那一個小時，關閉手機。這樣做可以創造有意義的安靜獨處空間。可以考慮使用手機的「請勿打擾」或類似設定，建立一段固定不受手機打擾的自由時刻。更好的是，柯羅奇（Andy Crouch）在探討這個主題的傑作《智慧科技家庭》（*The Tech-Wise Family*）中，建議在上床就寢前，把你的手機放在床上，而且你要比你的手機更早醒來。

要注意的三個點

1. **溝通的藝術**。良好的溝通可以解決許多事情。如果你有艱鉅任務在身，所以你認為關閉手機一小時對你是一件不可能的挑戰，請仔細想一想你是不是天天都如此。要這樣做通常並不容易，尤其我們又害怕跟人溝通我們在做什麼的話。這可能意謂著你要告訴家人或同事，你需要不受打擾。無論那是誰，告訴他人是關鍵。

2. **掌控手機裝置**。除了關閉手機，你還可以透過許多設定方式來塑造你的手機，使你的手機更能傳達你的同在，而不是增加你的分身。我建議關閉所有手機通知，然後在一個星期內，重新打開你念

念不忘或真有其必要的通知。此外，盡可能使用語音控制。這樣做可以防止你在只需要做一件事情的時候，因為打開手機而被十件事情分散了注意力。

3. **找一個放手機的地方**。不論是在家裡或是在辦公室，考慮一個可以放手機的地方。設置一個充電插座，然後把手機留在那兒。我在工作時，會把手機留在辦公室的另一頭，在我碰不到或看不到的地方。在家裡，我把手機放在書架上或是放進櫃子抽屜裡。可以考慮在前門設置一個充電站，當朋友來訪的時候，就有一個放置他們手機的地方。有這樣一個地方，有助於讓手機歸位。

參考書目與資源

· *Alone Together*, Sherry Turkle
· *Deep Work*, Cal Newport
· *Irresistible*, Adam Alter
· *The World Beyond Your Head*, Matthew B. Crawford

Point

智慧型手機是一種工具，可以讓許多事情成為可能，但永遠不會增加我們的同在。

第6章

每日習慣4：
滑手機前先讀經

現在，離比賽不到一小時，我將再次出現在那裡。
我將會抬起眼，俯視著那條四英尺寬的跑道，我
有十秒鐘孤獨的時間證明我的存在。但我做得到
嗎？……我知道失敗的恐懼。但我現在幾乎驚恐到
贏不了比賽。　　　　　——電影《火戰車》對白

我的自然人與我想要相信的那個人大異其趣：要解
釋我稱為「我」的那個人，大致上是很容易的。那
是在我轉向基督的時候，在我捨棄自己交給祂的位
格的時候，我開始第一次擁有自己的真實人格。
　　　　　　　　　　　——魯益師（C. S. LEWIS）

▶ 來自倫敦的呼叫

我在第一年的企業收購及兼併律師生涯中，經常與倫敦分公司合作，他們的上班時間比美國早五個小時。換句話說，我每天早上醒來時，我的電子郵件收件匣裡已經累積了至少會讓我花上半天時間瀏覽的電子郵件。

與倫敦分公司共事壓力很大，但是作為一名新進律師，那對我是很好的磨練。我們當時正在處理一件能源公司上市案，協助客戶在倫敦證券交易所的初級市場上市，我也在過程中學到了有關公開市場、新能源科技和跨國交易的知識。

我求好心切，因此我把倫敦分公司指派的任務當作每天第一優先處理的要務。於是，我開始了一個新的早上例行程序。我一覺醒來，立刻就在床上開始查看我的電子郵件，看看倫敦分公司有什麼需要。

我還沒有完全清醒過來，但是我已經在評估我能否把所有事情都在當天處理完畢，以及要推遲哪些事情才能搞定這一切。這種狀態在某方面來說幾乎等同於一天中的第一杯咖啡。它讓我的大腦開始運轉，把我從睡眠中拉出來。

當然，經過兩、三個星期後，這樣的狀態已經變成了一種習慣。醒來後，我不加思索馬上就想到我那散發著藍光的電子郵件收件匣，以及當天要完成的工作清單，甚至在這項專案暫時無事可做的日子也一樣。我沒有注意到我在更深層次上所發生的變化，直到幾個月後的某一天早上，我被孩子的哭聲吵

醒。我的反應是趕緊拿起手機打開，快速瀏覽一些工作上的電子郵件，在去安撫孩子前，設法掌握當天要做的工作。

不巧，有我始料未及的事情在發生。我花了大概一兩分鐘在腦袋裡把郵件做好分類。我開始打字回覆一封信件。然後，我感覺到一種莫名的壓力浮現。我在擔心什麼事情嗎？

這時，我突然想到兒子還在哭，可是我卻在讀那些沒有人期待我在幾小時內回覆的工作電子郵件（甚至連發信人都不期待我馬上回覆）。然而在我內心深處，有種想要立即讀信和回信的饑渴。

比起兒子的哭喊，我更在乎回應公司的呼喊，我怎麼會變成這樣呢？因為醒來的時刻是最強有力的「定型」時刻。

許多個月以來，我的腦袋一直在問我的手機一個很實際的問題：「今天要做什麼？」但在同一時間，在雷達偵測不到的地方，我的心卻在問我的手機一個更深刻的問題：「我今天要成為誰？」

▶ 我是誰？我在變成誰？

我是誰？我在變成誰？這是我們早上必問和回答的例行問題。但是除了聖經，沒有任何話語回答得了這兩個問題。

聖經的故事傳達得很清楚。我們一旦離開了創造我們的神，我們就不知道自己是誰，一旦離開了更新我們的神，我們就不知道自己在變成誰。我們渴望知道自己是誰。我們大做白

日夢，幻想著我們想要成為的那個自己。但離開了耶穌，我們沒有一個做得成。

想像一下一面破碎的鏡子。想像鏡子碎片散落全地。那就是我們人類的景況——破碎的反照物。我們每一個人只反映了一小片上帝的屬性。我們唯有齊聚在一起、而且得著基督的救贖，才能完整反映神。換句話說，想要藉著審視內心深處而找到真實的身分認同，然後透過意志力讓自己變得更像那個我們所認同的人，進而知道自己是誰，這種方式根本行不通。

當我們審視內心，會發現一個衝突的自我——有許多不同的自我在交戰。這是因為我們是照著神的形象受造，但卻墮落了，因此善與惡在我們裡面並存。此外，我們是一小面鏡子，是為了反映一些更大的事物而受造，但我們內在的認同感其實反映了很多東西，包括我們一生裡所看到的許多不同事物，好的壞的都有。

結果，我們擁有了千百個不同的自我版本，而且彼此衝突。這些版本各形各色，包含了我們自己對自己的想法，我們的配偶、我們的父母對於我們應當是怎樣的一個人又各自有不同的想法，再加上文化壓力要我們成為的那個人——這個清單還可以繼續延伸下去。但這當中沒有一個版本真正反映了真實的我們。那樣的說法不過是神話（或者說迷思）——雖然很受歡迎，但神話終究只是神話。

這顯示我們塑造自己的方式不是藉由審視內心、選擇我們喜歡的身分認同；我們其實是透過往外看來塑造自己。我們成

為我們所反射的事物或人，換句話說，我們成為我們所關注的人事物。我們無法靠自己成為自己。我們發現自己的方法是透過凝視別人。

這麼做很危險。凝視另一片玻璃碎片，只會使我們更加破碎。但是當我們把目光轉向耶穌，才能看見我們受造是要成為什麼樣的人。我們是王的兒女，是完全被愛的，但那不是因為「我們是誰」，而是因為祂要讓我們成為誰。

耶穌藉著祂的死亡和復活，給了我們祂在宇宙中的地位，成為新天新地君王的繼承者。只有在「我們變成誰」的故事中，才能找到我們最真實的認同感，而這個故事就在聖經的話語裡。

我們要活出真正的自己，只有凝視這個故事，除此之外，別無他法。但在每一天的早上，總有其他故事在競相爭取我們的認同。通用準則所提出的「滑手機前先讀經」，是為了幫助我們培養一種習慣——抵制其他故事，而去擁抱那個真正的故事。

▶ 工作郵件和早晨的習慣

我經常從工作和事業中尋找自己的身分認同。我希望透過獲致成功，最終能夠獲得別人的肯定。換言之，我的身分認同是別人對我觀感的反射，我必須看其他人的臉色，我的身分認同取決於他們對我和我的工作是否滿意。

我每天早上醒來的第一件事，就是查看工作上的電子郵件，這又更加助長了這種被誤導的尋找身分認同行為，因為它

用以下問題來開始我的一天：**我要做什麼才能讓別人對我感到滿意？在現今的世界裡，我能怎麼證明我的存在？**

當我在兒子的哭聲中讀著電子郵件的那個早上過後，我開始意識到有某種存在感更強大的東西出現在我的早上慣常行為中，這促使我想知道我是否應該改變我的行為。

小時候，我每天早上醒來，總是期待著看到爸爸在他的書房裡閱讀的身影。他通常都在讀聖經。我很確定他不是每天都在讀經，但我知道當我早晨醒來，我預期會看到他坐在書桌前讀聖經，旁邊還有筆記本。這本聖經此刻就在我的書桌上，陪著我寫作。

我有次隨手翻開這本聖經，恰好翻到了〈歌羅西書〉（哥羅森書）。我看到了整卷書上標記了一連串不同的日期。二〇〇二年一月七日讀第一章、一月八日讀第二章……等等。

這讓我大感驚訝，這些日期是他競選維吉尼亞州州長失利後的月份。我的父親在我的成長歲月裡從政十五年，州長選舉是他人生中最重要的一次選戰，也是他唯一輸掉的選舉。我記得自己在那個晚上哭著入睡（我承認，那是因為我真的很想住進維州州長的官邸，擁有我自己的保鑣）。

如果說有哪個時候需要自我反省「我現在是誰？」，那在選舉中落敗就是了。在政治界，你是真實地站在群眾面前，向選民大聲疾呼：「認同我！支持我！」如果是我，我不認為一場選舉失利就會動搖我的事業生涯，但會動搖我對自己的認同。

但他在落選的隔日早上，他做的第一件事是為全家做薄

煎餅，還告訴我們他在那天早上的讀經內容。他看起來興高采烈，等著迎接以後的日子。他沒事，因為他**知道自己是誰**。

我認為我的父親之所以能順利通過事業上的雲霄飛車、成敗起落，維持一個穩定的身分認同，都要歸功於他每天早上都會先仰望神的愛，才轉身去看世界。只要你知道自己在神裡面的身分，就能在愛中面對世界。否則，你會轉向世界尋求愛。我們的身分認同主要取決於這個順序。

▶ 新聞與早晨的憤怒和恐懼

在我與倫敦分公司共事的那個季節之後沒多久，我開始努力抵制在床上查看電子郵件的習慣。在我這一行（許多工作也一樣），你必須積極回應工作上的需要，才能在職場上站得住腳。所以，我那樣做不是因為我拒絕在早上看電子郵件，我只是設法不要在床上看。但是，我從未決定接下來要改成優先做什麼事。

這正是「抗拒」需要搭配「擁抱」的情況。拒絕在床上看電子郵件本身固然奏效，但身分認同的真空很快就被其他事物填滿了——新聞。

這種情況有很大一部分發生在二○一六年，我這一代所經歷最醜陋也最混亂的選舉季。在全國性舞台上，兩位總統候選人怪異地相似。兩人都坐擁巨額財富、有一長串的個人醜聞，以及令人不安的能力（能夠在反對他們的選民當中激起純粹的

憎惡）。媒體則欣喜若狂。沒有比這兩個人的報導更聳動的頭條新聞了。

我同時也感到憤怒。關於他們的報導無處不在，兩人都自稱是優秀的國家領導人。而且，高喊世界末日快到的聲音和恐懼，源源不絕從四面八方湧現。

首先，我最生氣的是有些人並不在乎誰選上。像我這種經濟穩定的選民會想辦法來維護我們自己的利益。但是對大多數的弱勢族群——還沒有出生的胎兒、窮人、單親媽媽、移民、難民、少數族群和囚犯——來說，他們的福祉和誰當選可是息息相關。無論是誰當選了總統，其影響都會以不同的方式深刻地展現出來。但很遺憾的是，新聞報導關注的不是誰要首當其衝地承受我們殘破政治的衝擊，他們把政治人物當作明星或名流，大幅報導他們在性事、金錢和權勢上的醜聞細節。

諷刺的是：我是如此狂熱，我每天早上醒來等不及要看當天的頭條新聞！我如饑似渴地滑手機，看推特還有新聞通知。這成了我的晨間新常態，也鞏固了我的新身分認同：我是公正的法官，我瞭解新聞在說什麼，其他人都不懂。

憤怒和恐懼有一個共同點：自我為中心。這種現象導致了我們在談論頭條新聞時，有許多談話都是以「你能相信嗎？」開始的。我們對各種荒謬的新聞大感驚訝，對世人的懵懂無知感到憤怒。

重要的是，我們要理解這種行為有多麼正常和反常。在我看來，所有人普遍都會感到恐懼而且有好論斷的習性。這是我

們的罪性使然。而反常的是，因為媒體業者看準了這一點，藉此大發利市。媒體基於財務原因，刻意以激起讀者的憤怒和恐懼來量身打造新聞內容：沒有比憤怒和恐懼更能吸引我們回頭點閱更多新聞頭條了（廣告當然也跟著上門）。結果是媒體富了，我們卻瘋了。

那年夏天，我有一天拿起了一本〈以賽亞書〉（依撒意亞）的釋經書，那是很久以前一位教授送給我的。我已經有好幾年都沒有讀〈以賽亞書〉了，我決定隨意翻閱一下。我已經忘了它的歷史背景：兩個國家為了要成為以色列人的拯救者而交戰，然而耶和華告訴他們不要向任何一方投降，祂要成為他們的拯救者。

有東西引發了我的深沉共鳴，我開始在每天早上讀〈以賽亞書〉，我很快就一頭鑽進了一個情節發展截然不同的故事裡。那是一個關於上帝關愛以及捍衛窮人和弱勢族群的故事，這位神知道如何對不公義的事情發出正義之怒，卻又仍然溫柔對待受苦者和不公不義的犯罪者。

〈以賽亞書〉開始釋放我，使我不再對於那些在我眼中顯得懵懂無知的人感到憤怒。〈以賽亞書〉使我質疑我的自以為是——自以為知道怎麼做，也促使我思考我的正義羅盤是否需要每天都用先知的話語重新調校。最重要的是，〈以賽亞書〉平息了我心中對世界末日的恐懼，卻仍然發出正義之怒的聲音。神將會審判所有的不公義。那是無庸置疑的。我們即使在表達義怒的時候，仍然可以保持平靜安穩，原因就在於此。

每天早晨，我們要讓誰來定位我們的身分認同，是自以為的正義人士還是先知？這是攸關我們是否愛鄰舍的迫切問題。只要我們從新聞中尋求自我認同，我們回應新聞的方式就不會是真心關懷我們的鄰舍，反之，我們會以憤怒不平的情緒來回應，而憤怒情緒可以藉由擁抱同溫層（並以此對抗我們認知到的錯誤）而得到緩和，你唯一要做的就是選邊站——又快又省事，不需要有任何悔改（或懺悔）行為。

還有一個截然不同的做法，就是將我們的身分認同對準那位超越國家的君王。只有當我們確信自己的身分是那位將臨的君王（祂將導正所有錯誤）的兒女，我們才能為了鄰舍的需求（而不是我們自己的不足）來閱讀新聞。唯有如此，我們才能認罪悔改，而不是只怪罪另外一方。

只有先當一個好的基督徒，才能成為一個好公民。唯有如此，我們才能避免成為威廉·柯芬（William Sloane Coffin Jr.）牧師所說的那種人：不作任何批判的愛國者，或無情的國家批判者。但是，我們唯有先成為天堂的公民，才能成為忠實的國家批評者——這才是真正的愛國主義。

有了這種新的領悟，我確信在床上看新聞不是一個好點子。我的晨間選擇少了一個。

▶ 社群媒體與早晨的虛榮

社群媒體對我一直是個巨大的誘惑，因為我是一個極度虛

榮的人。我從來沒有一次登錄社群媒體而不立即在我的腦袋裡開始想像：「我有多少粉絲？為什麼某人總是發一些有關小孩子的廢文，粉絲就比我多？而且，我也知道她的孩子根本不像照片看起來的那樣文靜乖巧。等一下，他是什麼時候升遷的？他的新頭銜比我的更好嗎？」

我的身分認同危機不斷加劇我的憤怒。我為此花了大半生時間，只為了要避開社群媒體。忘記臉書的登錄密碼和刪除Instagram是很好的方法，讓你可以在沒有社群媒體的干擾下繼續生活，我已經這樣做了好幾年。我很開心能遠離社群媒體。

所以，當我第一次和我的出版社聯絡時，我們的談話當然就顯得非常諷刺：

出版社：未來行銷本書的一個很重要工作，就是要積極地在臉書上露臉。

我：喔……（一個很長的停頓）你說的積極是要多積極？

出版社：保持一貫的節奏當然是比數量多寡更重要啦，大概是一天發兩則推文和一兩篇臉書貼文。

我在心中暗想：「你真的讀懂了我的書在寫什麼嗎？」

但是，我還是輕易就被說服了：維持一點社群媒體的活躍度，對於推廣「通用準則」習慣計畫進入更多人的生活中，是很好的方法，但我還是有點不安：當你把自己從世界中抽離出來，要評論世界就容易多了。這就是神聖的平安之道：透過保

持距離，保持單純的生活，我已經過這種生活好長一段時間了。

我為此而掙扎不已，我內心那股修道院驅力說，我應當繼續保持遠離社群媒體的生活，但是另一股宣教驅力則說，那些需要神之愛的鄰舍就在那裡。我要承認，這兩股驅力都有言之成理的地方，許多人在不同的人生時刻可能會適當地選擇其中一個，但我的時候已經到了。如果我要向世界說出愛，社群媒體會是用來吸引世人耳朵的方法。我必須學會說社群媒體的語言，正如我早年受差遣前往中國宣教，我必須學會中文一樣。

我的許多社群媒體習慣源自於這種衝突，我認為這是一種典型的衝突，發生在任何有宣教行動的地方，包含了那些自覺要向自己的同胞宣教的美國人。我很好奇：我們要如何與世界保持足夠的距離，而又能好好地愛這個世界？我們要如何為了文化的緣故而對抗文化？我們要如何置身於這些領域，但又不屬於它們？

如同人生中的許多問題，這些問題需要經過仔細的思考和交流（還有許多的失敗），才能找到答案。

我的朋友幫助我想通了一些能夠適當使用社群媒體的簡單做法。我把一些學習心得分享如下：

1. 我只在需要貼文或回應別人時，才打開社群網站。我不會因為感到無聊或者太閒而打開它。我的閒暇時間是保留給盯著牆壁發呆（它的好處多不勝數）。換句話說，我把社群媒體當作工作般來對待。我上午進去一次，午後沒多久進去一次，晚上再進去一次，發一些我認為會對一些人有幫助的貼文，或是

與理性的網友互動。

2.我會避免沒計畫的滑手機行為。這類行為通常顯示我渴望看到一些能抓住我目光的東西——社群媒體充斥著奇異、黑暗、怪誕的內容，樂於抓住我們的目光。有計畫地滑手機，結果會大不相同。如果你能仔細規畫你的信息流以及滑手機的時間，那麼你滑手機的動力會徹底改變。不過整體來說，我相信我們應當留意拇指的滑手機動作。焦躁的拇指往往與焦躁的心息息相關。

3.我關閉了通知。我（或說任何人）實在找不到充分的理由顯示，我有必要即時知道誰在什麼時候喜歡我的貼文，以及有多喜歡。這些統計數據固然有一些效用在，但不到必須隨時關注的程度。

4.我不在床上使用社群媒體。床的最大用途是休息和性愛（有時候是讀一本書）。社群媒體具有多用途的功能，但絕不是讓人休息的地方，也不是發生性關係的地方——即使它們充滿著巨大的誘惑，吸引人們使用社群媒體來休息和發生性關係。把社群媒體和床混合在一起，引誘我混淆兩者的界線，有一種簡易的方法可以擺脫這種不公平的角力：把手機丟到床外。

5. 忽略要爆發的怒氣。當我看到有人用惡毒的話語批評我或我所愛的人，我就會採取這種有經驗的父母都知道的、永不過時的策略。話語遠不及沉默有效。社群媒體對某些事情是一種有用的媒介，但憤怒絕不是其中之一。

我還是經常做不到這五點，不過它們仍然是很棒的經驗

法則。我依舊與自己的忌妒奮戰。我可以列出我所知道粉絲人數多過我的人。我有時候仍會眼睛盯著手機螢幕，一根手指懸在上面，邊告訴自己，不要只是為了看別人的按讚而打開。結果，我還是失敗了。

但是，當我越多使用社群媒體，我越發意識到，它所造成的嚴重危害不在於過度使用社群媒體，而是**過著倚賴社群媒體的生活**。社群媒體的主要問題不在於它浪費時間的方式，而是它**架構**時間的方式。毫不設限地使用社群媒體，我們會開始透過它來看我們的一生，我們會透過一個可能會發的貼文來看我們一整天的生活。

我們環顧四周，想知道在我們的視野範圍內有哪些值得拍下來的東西。我們聆聽每一次的談話是為了尋找可用來發文的內容，而不是設法瞭解說話的那個人。我們避免在公開場合表達不一樣的看法，卻在網路上用精心設計的回覆文或是誇張大字的推文，表達我們最強烈的情緒。

那絕不是生活之道，事實上，那是一種可悲的生活方式。那裡面缺乏對鄰舍的愛，除非我們以聖經裡愛的故事來塑造我們的生活，否則這個問題無法可解。

如果我們每天早上是被社群媒體所喚醒，那麼我們將會被它的生活觀，以及伴隨而來的各種忌妒和自以為義所塑造。但可喜的是，我們有一條不同的道路。聖經訴說著我們的故事，我們不是受造成要去看和被看、去論斷和被論斷的那種人，而是受造成要去愛人和被愛的孩子。除非我們從內心深處認同這

個故事，我們才能使用社群媒體去愛我們的鄰舍，而不是想方設法要得到他們的愛。

成為王的兒女

我還沒有告訴你，當我打開我父親的聖經，在隨手翻到的那一頁上所看到的另一個註記。他在每個加註的日期上都註明了我的名字。

二○○二年一月七日、九日和十日這幾天——我恰好翻到的讀經註記日期——我和我的父親共度了父子倆的早晨時光。我那時候在念高三，他每天早上會把我喚醒，邀我在上學前和他一起讀聖經。

我當時的樣子就是你想像中的典型高中生。我有許多互相衝突的身分認同。我試圖找出哪個朋友、哪個派對、哪個喝酒遊戲、哪個女孩、哪個年級，還有哪個樂團最終會給予我需要的身分認同，好讓我能夠自我感覺良好。

就是在那些日子裡，在我看似最不聽父母話的年紀，我的父親格外警覺到要邀我到他書房裡跟他一起禱告。我想要加入，因為我知道他有一個我渴慕的穩定身分認同（雖然這點我沒有表現出來）。但是，我還是常常賴床，即使我起來了，也會在禱告時打瞌睡。十五年後，我記不起我們一起讀了哪些經文，一句都想不起來，但我確實記得一件事情，一件至關重要的事情。

　　我記得有一位想要和我在一起的父親。我記得我們一起讀的是一位想要和我們在一起的上帝。在許多個早晨（透過習慣），我的父親教導我，我是屬他的，而我們兩個都是屬神的，因此不論世界發生什麼事，我們都是神所珍愛的兩個孩子。

　　每個早上我們都要問兩個問題：「我是誰？」以及「我在變成誰？」每個早上聖經的回答都一樣，因為神說：「你是我的孩子，而你正變得像我。」這是歷久彌新的真理。

　　我們無法藉著審視內心而成為我們自己，也無法靠著凝視我們在螢幕中的奇怪倒影而成為我們自己。我們必須審視「神的話語」，如同使徒彼得（伯多祿）說的：「主啊，祢有永生之道，我們還跟從誰呢？」（約翰／若望福音6:68）

　　養成滑手機前先讀經的習慣，意謂要找對地方問「你是誰」。當你打開聖經，會發現你和你的父親在一起。你發現你的名字被寫在聖經的書頁上。你發現你是被愛的。然後，你開始表現出那樣的愛，如同你起初被造的樣子。

實際操練指南

滑手機前先讀經

每週習慣

每日習慣

愛神

抗拒

一分鐘重點整理

拒絕查看手機，除非先讀一段聖經，這樣就能以這個更好的問題「我是誰、我在變成誰？」來取代「我今天要做什麼？」。

離開了耶穌，我們找不到穩定的身分認同。每天浸泡在聖經裡來抵制電子郵件所引發的焦躁不安、新聞引發的憤怒，以及社群媒體所引發的忌妒，這反而可以幫助我們每天以我們真正的身分（王所珍愛的兒女）來塑造自己。

三種開始的方法

1.**讀經計畫**。設法取得一本每日靈修小品或者《公禱書》這類禮拜

儀式讀物,是開始每日靈修閱讀的很好方式。如果你沒有這類讀物,可以考慮以下列聖經書卷,展開為期一個月的讀經計畫:

- 〈詩篇〉:不論你是否要依序逐篇閱讀〈詩篇〉,每天早上讀一篇,永遠是一種很棒的開始方式。
- 〈馬太福音〉:共有二十八章,設法每天早上讀一章,持續一個月。
- 〈羅馬書〉:共有十六章,設法每天早上讀半章,持續一個月。

2.**每日禱告APP**。我自己喜歡用紙本聖經,因為透過觸覺的接觸有助我的心思意念保持專注。但是我發現,手機上的聖經或是禱告APP對於晨間的靈修很有幫助,特別是當我在出差途中,或者必須很早就出門的時候。利用每日禱告APP是很好的開始方式。

3.**創造一個新的慣常行為**。要讓這種習慣發揮最大的效益,就是把你的手機從你的晨間慣常程序中移開。設法用一個星期的時間,在每天早上醒來的頭一個小時,把你的手機擱置在一旁不管。泡杯咖啡,開始讀經,然後加上寫日誌、默想或其他閱讀和運動。

要注意的三個重點

1.**忙碌時刻**。許多人都有需要在早上關注的首要任務。我也有這樣的時候,手上有重要到必須在每個清晨檢查工作事項的專案(或是必須日夜趕工的專案)。如果你覺得自己每天都在過這樣的生活,請重新評估你對自己重要性的看法。如果你跟我一樣,處在不得不

這麼做的情況，我通常會先讀一篇〈詩篇〉才去查看我的電子郵件。如果有必須處理的事情，我會用早上的時間處理。如果沒有，就把手機放回樓上，然後繼續我想要的晨間例行生活。

2.**長時間研讀**。每一個耶穌的追隨者都應當深入研讀聖經。但如果你不是牧師也不是在週末避靜期間，你可能不會每天都這樣做，那也沒關係。固定讀經的習慣，能幫助你長時間閱讀靈修書籍、解經書，或者寫下對一段經文的深入批注。記住了，這些習慣建立了一個棚架，讓驚人的新事物可以在上面生長。每天的短時間讀經不會破壞長時間的研讀，而是為其打下基礎。

3.**寫日誌**。這是一種核心習慣——換言之，這樣做會改變你生活中各個其他面向。如果你在拿起手機前，養成這種習慣：在讀經、禱告或獨處靜默時，在空白頁面寫下你的心得，你的生活將會改變。

參考書目與資源

· *The Book of Common Prayer*
· *God's Wisdom for Navigating Life: A Year of Daily Devotions in the Book of Proverbs*, Kathy Keller and Tim Keller

Point

聖經故事傳達得很清楚。我們一旦離開了創造我們的神，就不知道自己是誰，一旦離開了更新我們的神，就不知道自己在變成誰。

第7章

每週習慣1：
與朋友談心一小時

沒有溝通，就不會有社群……這是為什麼對話、討論或聊天，是最重要的說話或傾聽形式。
　　　　　　　——莫提默・艾德勒（Mortimer J. Adler）

我不再稱你們為僕人，因為僕人不知道主人所作的事；我已經稱你們為朋友了，因為我從我父那裡聽見的一切，都已經告訴你們了。
　　　　　　　——耶穌（約翰福音15:15）

每次你們出門的時候，就一起走，當你們抵達目的地的時候，就待在一起。　　——聖奧古斯丁準則

▶ 被瞭解

那是某個秋日，我和一位好友坐在我們家的客廳裡，電話響起，電話一頭傳來壞消息。我們倆都認識的某個朋友對處方藥上癮。這個消息讓人害怕，那不僅是因為我們經常耳聞這類問題，還因為我們在得知人們的可怕祕密前，他們看起來都很「正常」，完全沒有異樣。我們似乎都具有一種能力，可以讓自己外表看起來都很好，其實心裡卻藏著會慢慢將我們整個人從裡到外徹底毀壞的不為人知祕密。

我們坐在那裡，陷入震驚和悲傷之中，請注意我們沒有說話。我們沒有說：「怎麼會發生這種事？」、「有什麼驚人的細節嗎？」或是「我們多麼幸運，沒有碰上這類令人掙扎痛苦的事情。」

某種更私人性的東西在室內飄盪著，那是一個心照不宣的問題：「你有什麼事情沒告訴我嗎？」

對於許多人生陷入崩壞的人而言，這個問題不是沒有被提出來，就是沒有得到回答。我們如果能誠實地問這個問題並誠實地回答，往往能徹底翻轉整個人生。祕密靠著隱瞞而得到餵養，黑暗只存在於光照不到的地方。

所以，我和那位朋友彼此問了那個問題。當下，世界彷彿停止了運轉，在一個清冷的秋天晚上，孩子們都在樓上睡覺，客廳一片靜寂，這個問題被提出來，而且得到了回答。我們兩人的回答都是：「沒有。我的所有事情你都知道。」

每週與朋友談心一小時的習慣，是為了培養一種讓你和最親近的親友彼此開誠布公、相互瞭解的生活。

▶ 為了友誼而受造

這個問題「你有什麼事情沒告訴我嗎？」觸及到了友誼的核心，因為友誼就是當一個人知道你是怎樣的人，仍然愛你。友誼（我們在友誼中是脆弱的）建造或者破壞我們的生命。友誼讓我們的生命興旺，沒有了友誼，我們生命中一個不可或缺的部分（即使不是全部）也死了。

定義基督宗教信仰的一個特色是三位一體的神，也就是神以三種位格存在於同一本體中。在千百種有關三位一體的基本意涵中，我最喜歡的一個詮釋是：神是一種夥伴關係（fellowship），這表示我們是以夥伴關係的形象受造。

這說出了一個與我們所聽所看截然不同的、關於我們身分的故事。這表明了我們不是從混沌中受造，彷彿我們只是一個偶然誕生的生命，從隨機的黑暗中走出來，再歸回到黑暗中。我們不是來自孤寂，彷彿某個需要肯定的神祇需要較低等的生命來歌頌牠。我們來自**友誼關係**。

宇宙萬物都根源於友誼。這表示渴望與其他人事物之間有正確關係的需求，存在於每一個宇宙成員的核心中——其中又以我們的心最為渴慕。

如果我們不與人相交（就是認識人，也被人所認識），我

們不可能過上幸福的生活，因為我們是以三位一體神的夥伴關係的形象受造。這解釋了為什麼在創世的故事中，上帝只有一次說「不好」，那就是當人獨居的時候（創世記2:18）。在此之前，其他每種受造物出現的時候，神都宣告是「好的」。上帝看著兩個氫原子加上一個氧原子所構成的分子，祂說——**好**！北極的海岸線——**好**！阿薩伊棕櫚樹——**好**！羚羊——**好**！

但就在創世來到最高潮的時候，有件事不好——神看見人獨居不好。看起來，我們唯一需要的就是神，但〈創世記〉告訴我們，因為我們是以祂的形象受造，因此我們也是為了關係而受造。就像在伊甸園裡，上帝把夏娃給了孤單一人的亞當，亞當在看到夏娃時，不禁歡喜雀躍，謳歌「這是我骨中的骨，肉中的肉」（創世記2:23）。這不僅是對男人和女人的頌歌，也是對友誼的頌歌。

亞當看出他是為此被造，這表明了因為一個朋友的出現而雀躍不已，猶如是對神的榮耀和慷慨仁慈發出的頌歌（或祈禱）。神喜悅我們體現友誼，因為當我們這樣做的時候，就是在體現三位一體的神自己，而能感受到祂的愉悅。

▶ 對話是友誼的表現

在我即將上高中的那個暑假，我們家從維吉尼亞州的切薩皮克市搬到同州的里奇蒙市，我記得當我看著老家的車道越來越遠，恐懼湧上心頭。我的鄰居住著我的死黨，如今這一切都

要結束了。我在新城市展開我的高中生活，起初，孤單的感覺和恐懼讓我焦慮萬分，當我們身邊沒有朋友陪伴時，這種排山倒海而來的焦慮感會淹沒我們所有人。

所以，我到今天都還記得我在高中一年級碰到我當時的死黨（到今天還是）史帝夫的那一刻。那正是神學家魯益師對友誼誕生那一刻的描繪：「當一個人對另一個人說：『什麼！你也一樣？我以為只有我這樣。』」[1]我們兩人都愛玩滑板，我們都喜歡打鼓，我們都會虛張聲勢以掩飾內心的極度不安全感，我們都很渴望受人歡迎，而參加了同一個年輕人團體。在最好和最壞的事情中，我們在彼此「你也一樣？」的驚訝聲中，發現了友誼的種子。

我記得我們坐在營火前，聊到深夜。我記得我們不辭路途遙遠結伴去聽演唱會，還聊了許多。我記得我們躺在睡袋裡，一直聊到其他人都睡著了還欲罷不能。然而，這些事情不過是友誼的種子而已。我有許許多多與高中同學一起冒險和碰到倒霉事的回憶，但我和史帝夫之所以會變成形影不離的死黨，除了有共同的活動外，我們也互相傾訴。如果沒有實際的對話，那份關係不過是停留在泛泛之交間的共同興趣而已，透過對話，我們最深切的期望獲得接納，最重要的祕密被發現。

脆弱和時間把人與人之間的關係轉變成友誼。那就是友誼的意義：通過時間淬鍊的脆弱。對話是友誼的基礎，因為我們

---

1 C. S. Lewis, *Vie Four Lows* (New York: HarperCollins, 1960).

在對話中敞開彼此。

這種說法並沒有忽視共同的身分認同、共同的活動和所有其他促進友誼的事物的重要性。只是說,所有這些共通點在談話的分享過程中,得到了最大的滿足。我們在對話中表達了我們對這類事情的愛好,當然也因此坦承了我們自己。

有兩種對話的方式可以讓我們坦承自己。首先,面對面的對話帶來風險,因為在面對面的即時交談中,我們比較沒辦法預測對話的情況,戒心也較低。

雪莉・特克(Sherry Turkle)在她的著作《重新與人對話》(Reclaiming Conversation)中,描述了簡訊和線上聊天的方式威脅到了真正的友誼關係,因為透過這種交談方式,我們可以精心策畫、選擇我們想要的聊天身分。當我們避開了臉部表情、肢體語言和說話的語氣,有時間斟酌和編輯我們的回覆,我們就不用面對當面交談所引起的自然反應或臨時狀況。如此一來,我們就不必冒著風險被別人知道我們其實並不完美。

特克在書中提到,她訪問了一些數位世代的大學生,這些學生認為「即興的即時對話,會讓你顯露不必要的脆弱」[2]。但展現脆弱正是對話的目的,因為別人從我們的脆弱中,才終於能真正認識我們這個人。

第二種可以坦承自己的對話方式,就是真誠地說實話。這越過了面對面的風險,直接進入更深一層的風險中,也就是我

---

2 Sherry Turkle, *Reclaiming Conversation*: The Power *of Talk in a Digital Age* (New York: Penguin Books, 2015), 143.

和好友那晚在客廳裡所提出的問題：「你有什麼事情沒告訴我嗎？」

沒有一件事比拿掉遮羞的無花果葉，告訴朋友真實的你是怎樣的一個人，更讓人恐懼和得著救贖的了。會感到恐懼是因為我們從來都不是我們希望成為的那個人。會得著救贖是因為那是在集體生活中行出了福音的核心意義。

友誼以一種獨一無二的方式體現福音的力量，因為我們在友誼中對彼此活出了福音的真理。除了耶穌深知我們有多麼破碎，卻始終愛我們之外，福音還有什麼意義呢？除了知道我們有多麼破碎，卻仍然堅定不移地愛我們之外，朋友還有什麼意義呢？

對話是這一切的開端，因為透過對話，別人能真正認識我們。回顧史帝夫和我成為朋友的那一年，我看出他和我之間發展出了真正的友誼。促成這段友誼的不是我們有共同的興趣，而是共同的對話，這始於我們開始告訴對方我們不會跟別人說的事：我們的人生志向、我們想要成為什麼樣的人、我們喜歡誰、我們害怕什麼事。

許多友誼誕生自承認那些大聲說出來會讓你顯得脆弱的事情。這是為什麼友誼如此困難的原因。脆弱是有風險的，而時間是有限的。

當我們沒有勇氣也沒有時間與人談話的時候，我們要如何經營友誼生活呢？答案是**拿出勇氣**以及**規畫時間的優先順序**。

我們需要在令人惶惶不安的世界裡，有勇氣展現自己的脆

弱，我們需要在令人分心的世界裡，規畫時間的優先順序以善用時間。

▶ 脆弱的力量

回到我一開始所提到的那個時刻，我和我的朋友在我們家的客廳裡，彼此問說：「你有什麼事情沒告訴我嗎？」隔天晚上，有人敲我家的門。當我打開門，我看見那位朋友出現在門廊。由於那種隨便亂敲門的人現在幾乎已經絕跡了，所以當我開門看見他站在前廊不說一句話時，我知道出事了。

「我們需要聊一聊。」他說。因為蘿倫還沒有睡，我為我們兩人倒了兩杯飲料後，建議我們倆就在門廊坐著聊。

我永遠忘不了當他說「你記得我們昨天晚上問到，我們有什麼事情沒有跟彼此說的那個問題嗎？」時，我從他的眼神中看到了恐懼和勇氣。

我知道那是怎麼一回事，因為他的一個眼神使我憶起了我在十年前曾經有的一個感受，我當時在念大學，我有一次和我的父親坐在餐廳裡，等待著我可以鼓足勇氣開口向他承認我一直對他說謊——而且我騙了他很久。值得留意的是，說實話固然困難，但告訴某人你**沒有**說實話甚至要更加困難。

那就是我的朋友在做的事情。畢竟，有一件事他始終隱瞞沒有說。他一直在說謊，就像昨晚。他當著我的面大膽說謊。但現在，他要**更加有勇氣**，才能回來告訴我真相。

他說的事情當然只有我和他知道。但這是一件非常嚴肅的事情，他陷入極深的黑暗掙扎中，若不曝露在對話的光照中，他可能會崩潰。

現在回想起來，很難說我和他哪個更傷心難過 —— 是他（因為罪惡感）還是我（因為覺得被拒於門外）。那天晚上，我倚著五斗櫃不禁嚎啕大哭，我哭了又哭無法停止。我哭的原因有部分是因為覺得自己被矇騙；謊言總是危及人際關係的命脈。但主要是因為邪惡的威脅。我太常受到誘惑，相信邪惡更像是我可以擊退的貓，而不是「蹲伏在門口的獅子」，等著吞吃我們（參見〈創世記〉和〈彼得／伯多祿前書〉）。

這是一種痛苦的覺悟，認知到不論我們多麼努力想擺脫，我的朋友和我都對生活中的誘惑和疲累所導致的上癮，沒有免疫力。我們對痛苦所引發的暴怒，沒有免疫力。我們因為對生活本身的恐懼而說出危險的謊言，沒有免疫力。

在我剛滿二十歲，當我展望我和朋友們的未來時，我想不到過著支持彼此的生活會有多麼艱難。我想不到在我三十歲前，有一些朋友會看著我說：「我不再相信耶穌了。」我想不到我有一些朋友會打電話給我，告訴我昨晚在夜店發生了什麼事。我想不到我的朋友會要我坐下來，坦承自己酗酒、處方藥成癮、看Ａ片或色情書刊，甚至是更嚴重的事情。或許更重要的是，我會打電話給他們，坦承我在二十九歲的時候，必須靠安眠藥或酒精才能入睡。

我的成年生活，其實就是在面對和應付這世上驚人的邪惡。

在〈創世記〉裡，神告訴該隱罪就蹲伏在他的門口，想要制伏他（創世記4:7）。

我曾經一直以為這個故事是別人的故事，與我無關。我現在明白了，那是我們所有人的故事。當我讀著它，我看到了我自己，還有我最愛的人。我看到獅子在世界裡悄然潛行，迫不及待地想要撕裂吞吃我們。但可以確定的是，最凶惡的獅子就住在我們裡面。牠起初只是一個不欲人知的小祕密，然後漸漸長成一頭怪獸，把我們從裡到外徹底撕裂。

這就是我們內在黑暗的真實寫照。但是，光永遠比黑暗強大。

在坦承脆弱的友誼中，蘊含著一股力量：**只要我們齊心合力，就能把黑暗曝露在光中，擊退黑暗**。當我們生命中的黑暗曝光在坦承軟弱的對話中，我們就是把內心的黑暗向福音的權能敞開。當我那晚在餐廳裡，向我的父親坦白認罪的時候，他原諒了我，我的生命因此被徹底翻轉。那晚，當我的朋友回來在我們家的門廊上告訴我真相時，他的生命完全被反轉。

你是否注意到了，在上述那些我從來沒有預期會從朋友們口中聽到的事情中，有個一以貫之的共同點？那就是**它們全被說出來了**。它們被曝光。其中一位朋友重新接受耶穌。另一位戒掉了夜店。有癮頭的全部戒除乾淨。我則學會了有節制的飲酒，即使在無法成眠的夜晚依然如此，感謝神，我現在幾乎再也不必仰賴酒精助眠了。

黑暗在我們裡面興風作浪，但是開誠布公的對話是一種光的行動。而且，在黑暗中，光永遠勝過黑暗，何等奇妙！

◢ 時間的力量

要建立這種體現福音、坦承脆弱的友誼，只是心想並不會事成，它們需要長時間的培養。這種友誼得以茁壯成長，是因為我們搭建了習慣的棚架，使其可以繁盛成長。

當你撥不出時間與朋友相聚，友誼難以維繫或建立，這是為什麼友誼不只關乎坦承脆弱，也關乎時間。從我和蘿倫在中國傳教，再搬到華盛頓特區念法學院這段期間，我的朋友大都回到里奇蒙市。它確實是一個很棒的城市，但他們回到那裡，與城市本身無關，而是為了彼此。

當我開始念法學院，蘿倫和我曾憧憬著哪裡有最體面的工作，我們就搬到那裡去。我以為我們會搬到紐約或者回到上海。但是，一個讓我心神不寧的問題始終縈繞不去（尤其在老大和老二出生後，我和蘿倫的閒暇時間大幅縮水）：除非有充分的理由，我們為什麼要住在遠離朋友的地方呢？

說得更直白一點，我們為什麼要以一種無法持續花時間與別人建立友誼的生活方式，來安排我們的居住地和行事曆呢？對我而言，我的考慮是我的事業。我想要擁有一份最體面的工作，但我開始懷疑，擁有一份最體面工作的生活，是否比沒有一個好朋友的生活更值得？

神先是呼召我去中國，後來又呼召我去念法學院；我心中對於這兩個呼召毫無懸念。我有充分的理由讓我可以這麼做而離開朋友。但隨著法學院的學業即將結束，我沒有聽到神再次呼

召我要前往哪裡。沒有明確的呼召，蘿倫和我開始思考以朋友而非工作的考量，來決定搬家的地點。我後來感受到一個很清楚的呼召，要我基於友誼來安排我的生活，所以我決定定居里奇蒙——我們的朋友居住的城市——並且設法在當地尋找工作。

在我們搬家的那個月，我的二兒子出生。我當時深刻意識到友誼的重要性，於是我們夫妻倆給他取名為亞瑟‧史帝芬‧馬修‧厄利（Asher Stephen Matthew Earley）。亞瑟的意思是「神的喜樂」或是「神的賜福」，史帝芬和馬修是我兩個最好的朋友，也是蘿倫一個兄弟和我們家族友人的名字。我喜歡這種命名方式，模糊了「像是家人的朋友」以及「像是朋友的家人」之間的界線。因此，亞瑟的命名既是一種讚美也是一種禱告：讚美我們在友情裡找到了神的喜樂，並祈禱他未來也能經歷相同的喜樂。

我非常感恩我可以住在朋友們居住的城市，但這還不夠完美（差遠了）。只要問問我的朋友們就知道。我們如今全都有了孩子、每個人都忙於事業、也認識了新的朋友、有了新的責任，要付出時間來維繫友情對我們是如此困難。我們常常感到分身乏術。

這是為什麼養成習慣，把時間投入在友誼上如此重要。這個世界要我們培養其他習慣。我們通常過著忙於應付看似要緊事情的生活，但友誼似乎永遠都不會被當作緊急要務來處理。最重要的事情從來都不是這樣處理的，只是發現時要補救已經太晚了。

通用準則中這個每週花一小時與朋友對話的習慣，便是直接針對這種掙扎而提出的。這個構想的目的是要養成一種核

心習慣，做我們受造要成為的樣子，一個有軟弱而且與人有連結的人，即使生活變得複雜也一樣。身處人生最艱辛的時期——當我們有了一個新生兒、家中有人過世、接手一個讓人喘不過氣來的工作專案、年邁的父母——我們往往選擇犧牲與朋友相處的時間，然而朋友正是我們此時最需要的。

我的朋友們每個星期透過各種方式來製造接觸點，讓彼此有機會對話。對我和史帝夫而言，那是每週固定一次的咖啡時間。其他一些朋友則組成一個三人小組，每個星期一起吃晚餐或早餐。還有一些朋友組了一個社區團體，成員每個星期都會碰面。

有多少對話要展開，就有多少可行的方式這樣做。關鍵在於，我們的生活已經隨著工作和孩子們的誕生，而變得更加複雜，所幸，藉著這些製造「每週一次的開放性對話」的接觸點，維繫了友情的命脈，得以跨越時間而延續下去。

不製造接觸點，我們會變成曾經有朋友的人。有了接觸點，我們依舊是朋友。

開放性的三位一體友誼圈

在我高三那年，有一次史帝夫和我正要跳進一個朋友的敞篷車，準備開往市區的時候，有個人突然冒出，要求加入我們。他是高一新生，我們跟他不熟，但我們實在想不出什麼好藉口可以拒絕他。

一路上，他表現出良好的音樂品味，他的幽默感甚至要更

勝一籌，但我們途中多數時候都想不通他究竟是怎麼成功上車的。我們甚至連他的名字都不知道。

但他顯然只是想要有個朋友而已，只是我和史帝夫不願向他敞開心扉。

性、食物、工作、科技和其他每樣事物，都是上帝美好的創造，但越美好的事物，越容易被扭曲。友誼受到的最黑暗扭曲，就是我們排外的傾向破壞了友誼的美善。絕大多數的人都知道，很少有比被友誼拒於門外更痛苦的事。遺憾的是，那正是我和史帝夫在做的事。我倆把我們的友誼看作需要保護的東西，而不是為了外人的緣故而甘冒風險接納他們。

我記得那個季節對我們每個人都是痛苦的經驗。因為這個新出現的傢伙和我們一樣，都在尋找一個朋友，而我們一開始就拒絕了他。這折磨著史帝夫和我，因為任何出於自私而據為己有的東西，都會開始發酸。當我們拒絕用良善祝福別人的時候，我們就破壞了這份美好。

我認為明白這點非常重要：保持封閉的友誼，而拒外人於門外的心態，是對於友誼真諦的一種惡劣曲解。友誼的基本真理不是愛有限，而是愛無限。我們知道，是因為三位一體的友誼不是製造更少的愛，而是**更多**的愛。神透過我們受造像祂，祂在創造中**擴展**朋友圈。耶穌如今稱呼我們為祂的朋友，而且透過救贖，祂邀請我們**加入**三位一體之舞。愛的圈子是開放的，而且不斷在擴大。友誼的本質不是把外人拒於門外，而是吸引他們進到門內。

隨著史帝夫和我繼續花時間與這位新朋友交談（儘管我們在自私心態的作祟下，原本打算要與他保持一定距離），我們開始看見，因為有他的加入，我們之間的火花越燒越旺、越燒越明亮。我們擁有了一個新的時刻，對他說出那句：「你也一樣？」當我們的生活從擁有共同的興趣，轉變為共同的對話生活，我們的新朋友會看到我們身上所有的優缺點。

最特別的是，他會看到我們在哪些方面與我們信仰的教導一致，又在哪些方面沒做到。這不是一個光彩的故事：在我們成為彼此最好朋友的路上，我們嚴重傷害了彼此。我們犯了嚴重的錯誤。

這顯明了一個真理，就是當你仔細查看每個人的生活（包括耶穌追隨者的生活），你會驚訝地發現，怎麼會有這麼多美麗與黑暗的部分同時並存。唯一的解釋是我們的墮落在耶穌的光中得到救贖。讚美神，恩典得勝，這些友誼得以成長茁壯。

這位新朋友看到了我們身上最好與最壞的一面，在那之後，他深深受到耶穌的吸引。他對我們身上的某些部分也會感到失望，但他選擇不看我們，而是直接仰望我們所敬拜的耶穌。在經歷了許多歡樂和悲傷後，這位朋友受洗歸入基督。他的名字是馬特，我的兒子亞瑟名字裡的馬修。

▶ 與世人為友

當我在維吉尼亞州尼爾遜郡的一個寫作小屋裡，寫到這一

頁的時候，馬特已經收拾好所有家當，帶著全家從佛羅里達驅車前往維吉尼亞。他在美國海軍服役，十年後，他正在回家的路上，即將與我們一同住在里奇蒙市。

我會在明天晚上跟他碰面。我已經買了一瓶好酒。我會看到他三個月大的女兒。我們會開心歡聚，天南地北地聊。自從我們同住一個城市的十五年後，我們又同在一起了。他很快就會加入我和史帝夫每週一次的晨間咖啡聚會。

馬特的友誼持續提醒我，友誼之火具有感染力。向外界敞開是友誼最正確的方向。這種朋友圈不斷擴大。在這裡，一加一等於三，甚至是四。這個圓圈已經完滿，但仍然以某種方式敞開著。

愛顛覆了數學和幾何學。如果友誼是一種實踐，提醒我們福音的本質，那麼它也是一種向世人展現福音的具體行動。在一個充斥著孤獨和個人主義的文化裡，沒有比體現真正的友誼更能見證三位一體的神了。

所以，這是另一種習慣，得以展現蘭歌所提及的「光是如此美好」。友誼照亮了黑暗。因此，我把友誼看作受我們呵護的小火苗。友誼照亮了福音的真理，邀請人們進入這份溫暖中，友誼成了火光，吸引許多人前來圍著它，聚集在一起。

養成這種每週一小時的對話習慣，就是要讓這個火苗持續燃燒。這是我們向外眺望，看到一個寒冷黑暗的世界時，提供一些光亮、一些溫暖，和一個可以讓人坐下來交談的地方。

實際操練指南
與朋友談心一小時

一分鐘重點整理

我們為了彼此而受造，在缺乏禁得起時間淬鍊、願意坦承自身脆弱、親密的人際關係的情況下，我們不可能還能愛神和愛鄰舍。透過養成一種面對面的對話習慣，我們找到了一種體現福音的行動；換言之，我們對彼此完全坦誠，而且仍然被彼此所愛。

三種開始的方法

1.**固定碰面**。設法與朋友選定一個固定的時間——像是每個星期四晚上或是星期五早上——挑選一個總是可以讓彼此聚在一起的時

間。不要為了偶爾的缺席而覺得洩氣，反而要為這個事實受到激勵：雖然這個習慣準則要求我們和朋友們聚在一起，但還是有例外，可以接受偶爾無法出席。

2.**給夫妻或情侶檔。**蘿倫和我與我們的朋友史帝夫與他太太琳德賽，在人生的不同階段都一直互相陪伴。每個星期，我們會以夫妻檔的形式相聚聊天，或是送男人們到一處場所，女人們則送到另一處，以這種方式聚會。

3.**從室友到朋友。**安排每週一次一起吃喝可以是一種核心習慣，使人們從只是室友轉變成真正的朋友。可以考慮訂定一個時間，讓與你同住在一個屋簷下的人聚在一起，這段時間不是為了聊家務，而是不受分心只談論生活。

要注意的三個重點

1.**說出祕密。**問題不在如何說出祕密，每個人都知道怎麼做。問題在於這麼做是否值得。為了那些你所信任而且愛你的人，永遠值得這樣做。說出你的祕密吧！不要遲疑，今天晚上就這樣做。這會改變你的人生，說不定也會激勵你的朋友們說出他們的祕密。沒有什麼比說出你的祕密，更能促進深刻的人際關係了。

2.**好問題的力量。**擅長問好問題的人，往往能創造精彩的對話。如果你還不是這樣的人，可以考慮與朋友一起腦力激盪，想出一些好問題，你們可以定期互相問對方問題。

3. **開放性友誼**。雖然每週一次的對話始於親密關係，但它永遠是對外人敞開的。福音導向的友誼，不只是一起享受友誼的果實，還要把果實當作養分供給世界。不妨考慮把你的友誼空間當作邀請新認識的人加入你們的第一個地方（或其中之一）。

參考書目與資源

· *Spiritual Friendship*, Wesley Hill
· *Made for Friendship*, Drew Hunter and Ray Ortlund

Point

黑暗在我們裡面興風作浪，
但是開誠布公的對話是一種光的行動。

第8章

每週習慣2：
規畫媒體信息的瀏覽時數
與內容

我們寫，是為了要在黑暗中找到火。

—— 約翰·格林（JOHN GREEN）

藝術是一種對抗混亂和死亡、對抗熵的競賽……
（它）主張和重申那些延緩瓦解的價值觀……一代又
一代重新發現人性不可缺少的東西。

—— 約翰·加德納，《論道德小說》
（*On Moral Fiction*）

媒體即訊息。

—— 馬歇爾·麥克魯漢（Marshall mcluhan）

　　我站在一排排從地板直頂到天花板的書架當中，驚奇和敬畏之心油然而生，我的故事觀從此永遠改變。一大堆書躺在角落裡。整面牆壁覆滿了書。當你沿著階梯拾級而上，都能看到書本沿著階梯排列成行。彷彿這家二手書店不僅是一個賣二手書的地方，它的建築本身就像是用書建造而成的；用書容納更多的書，用故事創造更多故事。

　　當時，我在維吉尼亞州夏洛特維爾德鎮的達德羅斯書店（Daedalus Books），才讀了艾德勒的著作《如何閱讀一本書》（*How to Read a Book*），懷著滿腔的閱讀渴望。但在那個特別的時刻裡，我的興奮轉為驚恐。不論是出於什麼理由，我忽然驚覺到一個數字真相。我在前一年讀了大約三十本書，刷新了自己的紀錄。但我這時候開始估算，我二十出頭，幸運的話，我可以再多活五十年。按照這個閱讀速度，我這一輩子總計會讀一千五百本書上下。

　　但我眼前這面書牆上的書，比這個數字還要多。

　　我當下意識到自己生命的有限。我的渴望已經超越了現實。我根本沒有足夠的餘生讀完我想要讀的書。我在那間書店所做的抉擇，忽然間成了一次對我影響深遠的決定。「決定」這個英文字彙（decide）的拉丁文字根（*cise* 或 *cide*）的意思是「切除」或「殺死」，也就是說，無論我們選擇了什麼，都必須刪除其他可能選項。我在那天意識到，選擇一個故事，就必須刪除其他故事。我要選擇一件事物，就必須以許許多多其他事物為代價。因此，我務必要審慎選擇。我必須規畫我的故事。

　　從我在達德羅斯書店頓悟的那天至今，將近十年，這些年間，我們消費故事的方式出現了根本性改變。當時，智慧型手機還沒有面世。像是亞馬遜（Amazon）和網飛（Netflix）等企業還在郵寄書籍和DVD，我喜歡稱之為「串流故事」的東西，還沒有成真。

　　如今，從那次經歷起不到十年的時間，科技與文化的轉變以串流的形式碰撞在一起，故事不再只是端坐在書架上，等待我們伸手拿取。它們現在湧向我們。它們挑選我們—— 有時候是以快速且帶侵略性的串流媒體出現。規畫故事在過去是一種奢望，如今卻成了必須要做，甚至是急迫要做的事。

▶ 故事塑造我們

　　我們成為我們所消費的故事。故事塑造我們生活的方式，猶如它們打造那家書店的牆壁一樣。這不是機緣巧合，而是我們受造是要活在一個故事中。

　　我們的故事始於世界的受造。電影的開場畫面是伊甸園，一切按部就班、井然有序。然後，我們被這個悲劇所吸引：人類的墮落以及人類與神隔絕。接著，出現了追逐和衝突。神會如何拯救祂的子民呢？神在《舊約聖經》裡那些充滿戲劇性的傳奇場景裡、一路跟隨他們穿越曠野，把他們從戰爭中拯救出來，在這位過程中展現了對祂百姓的愛。

　　然後，故事的情節越來越複雜。就在情況糟到不能再糟

的時候，我們看到神不只為了祂的百姓而降臨，**還成為**祂的百姓。耶穌是來到世間拯救世人的英雄的原型。但祂不是透過戰鬥拯救世界，祂以死拯救世界。福音是一齣悲劇：人類將會被拯救，神卻必須死。

但這個故事出現了一個出人意表的轉折。耶穌復活使所有預期的情節落空。邪惡被打敗，良善將掌權。神終將得勝，愛終將贏得勝利。一個新的時代來臨，新的國度永遠長存。用小說家佛雷德里克·布赫納（Frederick Buechner）的話來說，就是福音從悲劇轉變為喜劇和童話。

我們都是這個有史以來氣勢最磅礴的史詩故事中的人物，而且這是一個真實發生的故事。這是一個在真實的時間中展開的故事，我們所看的所有故事，都在設法向我們解釋這個真實故事的大意。幫助我們釐清我們要如何活在我們的故事中。

神學宗家史丹利·侯活士（Stanley Hauerwas）主張那個故事是「基督宗教信仰的必要文法」，他的意思是聖經基本上不是一個道德信息，傳達什麼是對、什麼是錯；聖經是一個神如何拯救我們的故事。[1] 除非我們先理解這個我們置身其中的故事，明白誰是這個故事的英雄、我們是如何被拯救的，以及從哪裡被拯救，否則我們無法隨著處境不同來理解道德。

加德納在《論道德小說》裡提到，一個好故事會戰勝世界的混亂。一個好故事呈現了某種有開始有結局的世界，有事情

---

1 Stanley Hauerwas, *Hannah's Child: A theologian's Memoir* (Grand Rapids: Eerdmans, 2010), 156.

在這裡發生 —— 而且事出必有因。故事使我們相信，事情終究
會有去處。

　　這是為什麼故事（比任何道德說教或主日學課程）更能塑
造我們對於美好生活的想法、世界要往哪裡去，以及故事對於
人類的意義為何等等。故事告訴我們什麼是美、什麼是公義，
以及我們應當如何彼此相處。

　　這是為什麼我們不是只看故事而已，我們會成為故事。

▶ 科技與串流故事的來臨

　　故事具有塑造力量不是新的觀點，而是古老的真理。但有
個全新的事實，是媒體故事現今大受歡迎。不到十年的時間，
串流故事已經全面重塑了故事如何湧向我們的面貌，每個故事
都刻意利用故事情節來塑造我們。

　　科技向來與故事緊密交織在一起。在古代，要聽故事，
就必須有說故事的人。換言之，要有一個人（吟遊詩人）將他
熟記的故事說出來或唱出來給人聽。圓形露天劇場是一種早期
的例子，運用建築和空間科技來放大聲音，讓更多的人能聚集
在一起聆聽故事。紙張和墨水的發明開始讓故事逐漸脫離說書
人，而能觸及到更多有閱讀能力的人。然後，印刷科技接棒而
起，徹底改變了一個人一生接觸得到的故事總數。

　　幾百年後，隨著科技的進步和識字率的提高，嶄新的說故
事方法應運而生。像狄更斯就是第一批創作大眾化故事的作家

之一。史上頭一遭，一個規模龐大的人類社群開始集體沉迷在一個故事情節裡。

　　然後，科技再次發生變遷。愛迪生開始把圖片連結在一起，於是華納兄弟（Warner brothers）把事業押寶在這個創意發想上──用動態圖片說故事。世界當然從此永遠被改變了。

　　接著，電影催生出了電影院，錄影帶和光碟的發明則讓電影走進家庭。然後突然間，彷彿過去的一百年還看不夠說故事藝術的變遷，網際網路和智慧型手機的出現，使我們能夠隨時隨地消費的故事種類和數量，呈幾何級數激增。

　　故事的基本力量和聽故事的渴望，固然可以追溯至遙遠古代，但是傳播故事的媒體一直與科技緊密相關，當今世代隨著串流故事的竄起，經歷了一場前所未見的轉變。

　　「串流故事」不是一個科技術語。我創造這個用語是為了說明這種現象的意涵：影音內容不僅可以源源不絕被取得，也鎖定我們為目標，即使我們試圖把注意力轉移到其他事物上。故事不僅遠比從前更容易取得，侵略性也更強，因為作者常常懷有各式各樣別有用心的動機。

　　所以，我使用「串流故事」指稱影音內容。我的意思是指任何不顧我們的意願，強行進入我們注意力範圍的故事。這不僅限於網飛和YouTube，也包含了美國公共廣播電台（NPR）、福斯新聞網（Fox News）、亞馬遜串流平台（Amazon Prime）和《紐約時報》（*New York Times*）。它們是運動酒吧的牆面和咖啡館吧檯。

　　漸漸地，串流故事泛指所有我們下載的APP。Instagram稱呼它們的一個信息流為「故事」，用於限時分享我們生活中的簡短片段。色情網站不只販售色情圖片，還販售具有故事性、身分認同和可能性的影片，它們不只擄獲我們對肉體的慾望，還擄獲了我們深層那種想要主宰或者被主宰的渴望。串流故事無處不在。

　　我們看見了兩種敘事的復興，一種是《冰與火之歌：權力的遊戲》這類長達數小時的電視影集的史詩敘事，另一種則是只有短短數秒鐘的微電影，通常是廣告。里奇蒙市一家行銷公司為政府員工保險公司（GEICO）所製作的數支四秒鐘廣告，已奪下了數個獎項，這幾支廣告在你打開YouTube影片時會跳出來，吸引你進入一個短短幾秒鐘的故事，然後——GEICO幾個巨大的字母突然出現在你眼前。

　　現在，故事對我們的壓迫感，很像達德羅斯書店裡的書。如今，世界的牆壁似乎是由故事堆砌而成，不論我們想不想要，它們都朝我們而來。

　　媒體評論家麥克魯漢在一九六四年寫道：「媒體即訊息。」那時，他說的是電視的到來，以及它將如何改變傳播的形式。這種媒體現象的發展只是有增無減而已。我們今天對故事的關注不僅限於內容而已，因為媒體本身的塑造力量並不亞於內容。我們看電視的方式和我們看什麼一樣重要。

　　那天在書店，我意識到，要把生活過好，我必須規畫我的故事，因為我的生命有限。但沒有一本書曾向我排山倒海而

來，當我必須去找它們時，要規畫談何容易。

　　但是，我們現今選擇故事的積極度，不如故事那樣積極選擇我們。如果我們什麼都不做，會有其他人的故事替我們規畫我們的人生。如果我們不刪減他們提供的選項，他們會刪減我們的選項。

　　此外，如果故事的塑造力和聖經一樣（加德納和普遍的經驗都告訴我們確實如此），這表示我們現在生活在一個眾多故事要爭相塑造我們的世界裡，串流平台猶如爆裂的水龍頭，流向我們所看得到的每一個地方。可以確定的是，除非我們下定決心力行規畫，否則我們一定會被我們消費的故事所塑造。

▶ 我們可以規畫的三種故事

　　在串流故事所構成的新世界裡，「規畫」成了亟需養成的美德。規畫我們瀏覽的媒體信息與瀏覽時數，雖然我建議的時數限制是四小時，但你也可以選擇兩個小時或二十個小時。

　　重點是設下限制，迫使你一定要展開規畫行動。因為你無法收看或收聽別人瀏覽的每樣內容，你甚至連自己想看或想聽的東西都看不完、聽不完了。但你可以（也應當）看一些東西，甚至是許多東西，但你一定要規畫它們，以免你不喜歡的人替你規畫。

　　規畫瀏覽媒體的攝取量，切中了通用準則的核心。想要過美好的生活，不是來自無所不選的能力，而是要培養設限以精

選美好事物的能力。

限制是找到自由的所在。我們不需要無限制的選擇；這反而會限制了我們做出良好選擇的能力。我們需要限制我們的選擇，這其實是賦予我們能力做出良好選擇。透過限制每週閱聽故事的時數，就是在培養精選故事的能力。

規畫顯示你的良好品味。如同藝廊的牆壁空間有限，策展者必須根據自己對優秀藝術作品的獨到眼光，策劃不同的展覽，使空間得到最好的利用。因此，我建議我們要具備能看出好故事的眼光，而據此規畫故事。我們可以從美、公義和社群三方面，規畫我們瀏覽的媒體故事。

規畫美的故事

我住在中國那段期間，最喜歡去的一個地方，是一間當代中國陶瓷店。店裡毫無裝飾的水泥牆面上，是厚重的木製陳列架。陳列在簡樸木頭和水泥牆面上的白色中國精緻陶器，在極簡美學風格的襯托下格外突出，猶如突然冒出的聲音。

我第一次走進這家店的時候，我輕手輕腳地在裡面參觀了一個小時，只看了陳列的陶瓷單品——我靜靜地看著，唯恐會驚動它們。許多作品的設計靈感來自大自然。它們具有非常實用的功能，像是碗或馬克杯，但也保留了一種「不僅止於此」的想像：一個紋理彷若楓葉的點心盤，一只不知為何看起來就像桃子一樣柔軟的陶瓷茶壺。

每當我步出店門，總是有一種奇怪的感覺，像是我裡面的

某種不知名饑渴得到了滿足，我的靈魂彷彿也得到了飽足。有一句話可以用來形容這種經驗，當我們說「大飽眼福」之類的話時，是因為我們直覺上承認我們對於美有種饑渴。

直到有一天我讀了〈創世記〉，我終於對我在陶瓷店的經歷有了神學上的理解。「耶和華神使各樣的樹從地上長起來，能悅人的眼目，也好作食物。」（創世記2:9）這節經文吸引了我的目光，因為它解釋了我用來形容我的陶瓷之旅的隱喻：視覺和食物。胃受造是為了渴望食物，眼睛受造是為了渴望美，我們受造是為了享受美的事物。傑出的音樂、偉大的電影和令人驚嘆的表演——這些都是饑渴靈魂的食物。

規畫美的故事，意謂著要跳脫「依據故事傳達的信息來選擇故事」的想法，轉而大力擁抱「我們需要美」這個想法，而美也許會出現在我們意想不到的地方。

蘿倫和我喜歡看電影，由於我的工作吃重加上家中還有四個年幼孩子，要把所有推薦給我們看的電影都看過，不可能也不明智。因此，蘿倫會收聽一些談論電影的播客，並廣泛閱讀她信任的電影評論，然後，她會告訴我哪部電影製作精良（美的指路牌）不能錯過，或者哪部電影深受觀眾喜愛（普世真理的指路牌）不容錯過。

有時候蘿倫推薦的是最佳電影入圍影片，有時候是只在冷門電影節聽過的影片。但她推薦的電影有百分之九十九都是佳作（只有一次，她為全家人挑選了一部在度假時看的電影，那部電影實在是慘不忍睹，讓我們忍不住拿水果丟她。不過，那

是一次例外）。

　　如果我們不去規畫美的故事，只是為了滿足對娛樂的渴望或者只根據信息來挑選，我們會錯過人類這種想要**深刻感受世界**的基本需求。聚焦於信息絕不是壞事，只是還不夠完全。只是聽話語中的真理還不夠，你還必須用靈魂感受真理。

　　那就是規畫美的故事的作用——把真理從頭腦（理性）移至心裡（感性）。

規畫公義（或正義）的故事

　　這個意思是，尋找那些會使我們為世界的破碎而落淚的故事，而讓我們愛上這世界該有的樣子。當聖經談論公義時，指的是一種比政府處理犯罪的方式更宏大的作為。相較於聖經對公義的恢宏洞見，政府的相對施政顯得微不足道。

　　聖經談到一種世界該有的全面性樣貌。聖經使用希伯來語「沙龍」（shalom，平安之意）一字來概括，它有「萬事萬物各安其位」之意。

　　作為律師，我認為公義猶如一幅美麗織錦。當公義的織錦被撕裂，有人會穿過漏洞而墜落——通常是些最弱勢的人。編織公義織錦意謂為了弱勢者而修補漏洞。但不僅如此而已，公義織錦提醒我們公義是美麗的。一幅編織合宜的公義織錦值得掛在世界的牆上。我們需要看見公義被彰顯，因為它美得令人驚嘆。這是為什麼聖經〈彌迦書〉（米該亞）寫道，我們不僅要行公義，也要好憐憫（6:8）。

世上沒有什麼東西，比故事更能培養我們喜愛公義（或冷淡對待公義）了。每個好故事都在設法告訴我們，這個世界到底出了什麼問題。這幅織錦哪裡被撕裂了？沙龍什麼地方破了？誰穿過了漏洞而墜落，我們可以做什麼？每個好故事都在告訴我們，應當做什麼來修補破裂？誰是能夠解決這個問題的英雄？要擊敗誰才能恢復完好的沙龍織錦？恢復後的世界又是什麼樣子？所有這些都是公義的問題。

因此，每一個故事都在試圖使我們對某些事情感到心碎，進而愛上解決之道。但問題在於，故事何時激起我們對錯誤之事的恐懼，何時激發我們愛上解決破碎問題的方法。

這就是我們要密切關注媒體的地方，尤其是新聞媒體的故事。新聞媒體在金錢的誘因下，經營短篇串流故事，這種故事的本質是刺激我們不斷回來消費更多故事。這無關故事的觀點是傾向自由派或保守派；只要故事的目的是刺激我們消費更多的媒體，而不是指出這個世界需要修補，那麼不論故事傳達的是自由派或保守派觀點，它們都在侵犯公義。

規畫公義故事的第一種方法，是把你的每週瀏覽媒體時間，投入在長篇新聞上，而不要耗在短篇新聞上。你要看的新聞，是你極可能要搜尋或付費閱聽的新聞，因為市場不會積極上門向你推銷。長篇的文章、播客和紀錄片更有可能告訴我們關於弱勢鄰舍的景況，激起我們對他們的熱心，而驅使我們走進世界，並非只是一昧地蠱惑我們消費更多媒體信息。

第二種方法是在基督的身體裡，密切關注各種聲音。我經

常詢問我的姊夫唐（他是非裔美國人）看什麼或聽什麼媒體信息，因為我知道他對世界的看法在一些重要層面上與我的觀點不同，我需要聽一聽他怎麼說。我要指出，唐不僅是我的一個媒體推薦來源而已，他還是我的兄弟和朋友。即使他從未告訴我應該追蹤誰的推特，或是哪些播客我「一定要聽」。

令人欣喜的是，我們的生活緊密交織在一起。但我也知道，唐作為我在基督裡的黑人弟兄，他已經發展出一種我所信賴的世界觀，而使我渴望仰賴他以及其他許多人，協助我以一種更全面和符合公義的方式來看世界。

我們若只靠自己的雙眼看故事，就無法規畫出公義的故事。我們需要全體上帝兒女的多樣性，以及包容許多不同聲音的集體智慧。這是永遠的真理，在這個時刻尤其迫切，因為新聞媒體想要把我們鎖在同溫層裡。我們需要養成反面而多元的習慣，才能抵抗而不至於陷入這個圈套裡。

第三種規畫公義故事的方法，是尋找會激勵你的心、讓你去愛弱勢者的故事。舉一個反面的例子：

我喜歡收聽棒球比賽廣播，我把它算進我的每週媒體攝取量裡（我把所有運動都視為在我們眼前展開的現場競賽故事，所以我們才會如此熱愛它們）。收聽棒球比賽是一種既能放鬆身心又能和朋友產生連結的絕佳方式，但它卻很難激起我的「好公義」意識。

不僅如此，在收聽華盛頓國民隊的比賽時，我會花更多時間瀏覽運動網站和瞭解球隊的因應策略，反而減少了閱讀在我

周圍發生的藥物危機新聞，或是關注我居住的城市即將表決的新巴士路線，那會直接影響弱勢族群能否得到工作。

故事也能分散我們對「好公義」的注意力，因為我們往往寧願變得麻木而不願變得柔軟。我的對抗方式之一，是確認我所規畫的媒體信息除了運動相關內容之外，還包含了像是馬丁・路德・金恩博士演講的YouTube影片，或是布萊恩・史蒂文森（Bryan Stevenson）的TED演講，他是當代有關犯罪司法問題一個值得信賴的聲音。

這些精心規畫得來的聲音刺痛著我那顆寧願麻木的心。它們提醒我，限制媒體的目的，不是要忽視世界的問題，而是打開眼睛正視它們。

我們這一代正面臨一個新的問題，就是主流新聞（無論是偏向左派或右派）總是流露出憤怒和挑釁的語氣，使得我們對世界的痛苦感到麻木不仁──當事事都是危機，就沒有一個是危機了。

我們以為自己正變得見多識廣，其實我們正變得麻木。如果我們要對世界的破碎有真正的理解，而且發自真心地憐憫受壓迫者，那就不要隨著網路公憤起舞，而是要慎選真正的公義故事。我們必須設法避免成為那種出於憤怒而談論公義的人，而要努力成為出於愛而談論公義的人。

這些無窮無盡的媒體信息，將會淹沒弱勢族群無聲的吶喊，除非我們專門規畫要去聆聽他們的聲音、要去愛他們，並且在某些時候關閉我們的螢幕，走出家門前往他們所在之處。

規畫走入社群的故事

這意思是我們應該意識到，我們規畫的故事應該敦促我們走出孤立，而非走進孤立。大量令人成癮的媒體信息，引發了一個實際的危險。它用真正的好故事擄獲了我們的心，但代價是我們賴在沙發上度過一天又一天。這種掙扎並非一種全新現象——電視已經讓人們這樣持續了數十年，但串流故事加劇了這種現象。

這裡提供一個基本做法於是**與別人一起**收看大多數（不一定要是全部）的媒體內容。他們可能是室友、配偶、鄰居或朋友。故事是我們主要的共同連結。分享和熱愛相同的故事，是我們創造社會文化的最重要方式之一。社群也會篩選你看的東西——當我們一起選擇時，會有更好的分辨力。

想要讓這個習慣付諸實行，我們可以邀請鄰居一起收看一部電視影集，或是呼朋引伴一起看一部對你別具意義的電影

每個人都有不同的品味，因此規畫社群的故事就意謂著改變，甚至是降低你的標準去看你本來不會看的東西，所以，這也意謂著你和那些你本來不會跟他們在一起的人，有了接觸的機會。這當然需要智慧，但我更質疑那種會把我們彼此隔開而不是連結在一起的智慧，我寧願犯錯也永遠站在社群這一邊。

▶ 透過媒體愛鄰舍

當我回想起我站在達德羅斯書店書架前的情景時，我領略

到，我當時所看到的東西，與我現在在電腦螢幕前所看到的東西（一面故事牆）雷同得驚人。這個世界仍然是由故事建構而成，但我的觀點有了根本性改變。

我那時候害怕無法擁有所有的故事。現在，我渴望找到最美的故事、最富公義的故事，並且以能夠驅策我更親近而不是遠離別人的方式，來尋求這些故事。

這是透過習慣而養成的渴望。我不認為這是一種個人美德，而是一種看世界的視角，一種會產生公共結果的行動。

這個習慣是一種愛鄰舍的習慣，因為故事使我們作為特定的某種人進入世界。規畫美的故事意謂我們生活在一個稍微更加美好的世界。規畫公義的故事意謂我們共同調和我們的正義感，而將目光轉向弱勢族群。為了走入社群而規畫故事意謂抵制孤立，而走向我們的鄰居和朋友。

規畫故事不僅是重新分配我們的時間而已，也提醒我們，有一個千真萬確的故事永遠存在。規畫故事可以重新訓練我們看清一件事：任何一個好故事，都會透過某種方式反映這個永遠存在的真實故事。

規畫瀏覽的媒體信息就是要我們建立一種新的人生，一種讓我們學會跟著福音故事（同時集悲劇、喜劇和童話故事於一身的最偉大故事）一起哭、一起笑、一起鼓掌喝采的美好人生。

實際操練指南

規畫媒體信息
的瀏覽時數與內容

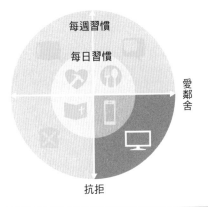

一分鐘重點整理

故事如此重要，所以我們必須以最審慎的態度處理它們。以小時為單位來限制瀏覽時數，可以抵擋源源不絕的媒體信息。我們不得不規畫我們所看的東西。規畫故事的意思是，我們要尋找支持美、教導我們好公義、會讓我們走進社群的故事。

三種開始的方法

1.**確認瀏覽時數**。規畫故事會是一種令人卻步的習慣，不妨只從確認瀏覽時數開始。我發現，持續追蹤瀏覽時間是很好的方法，可以讓你知道你在乎什麼東西。我建議你可以追蹤自己在一個星期裡的

媒體收看情況，然後設定四小時或者其他讓你覺得自在的合理數字（以小時為單位），作為下星期的目標。

2.**製作優質清單**。我的妻子蘿倫手邊總是有一份清單，上面列出了有哪些品質精良的電影、表演或播客。這是開始規畫習慣的很好方法。與其收看「現在播放」或是網飛推薦的影片，不如建立一份值得一看的清單。如果這對你是一件困難的工作，可以在網路上搜尋你信賴的人的清單，網路上確實有些相當好的參考清單。

3.**關閉自動播放功能**。我在大學的一門電影課裡，一位教授有次慷慨激昂地表示演職人員表是電影的一部分。你需要時間、音樂和文字來走出剛看完的故事，思索故事帶給你的啟發。自動播放功能不僅會破壞你的沉思時間，還會（一如程式設計師的預期）高度激勵你選擇收看其他故事。到功能設置那裡把它們關閉吧。

要注意的三個重點

1.**精彩故事**。規畫故事的最好方法之一，是碰到精彩故事。這類故事會改變我們，還會使我們渴望看到更多出色的故事。禁得起時間考驗的小說和電影，是最好的入門方式。還有一點要留意，書寫形式的故事可以抵制成癮，因為你需要投入時間閱讀。閱讀一本偉大的小說或傳記，也能平衡你的影音媒體時間。

2.**閱讀你的信息流**。我們所看的故事透露了許多有關我們的事。它們顯示我們是誰以及我們喜愛什麼。請以誠實的態度從YouTube給

你的推薦影片中，看一看它對你的影片喜好預測，或是Instagram對你喜歡看的東西的判斷。那是你想要成為的樣子和你想要喜歡的東西嗎？但不要太嚴苛地評斷自己。這麼做不是為了要讓你感到難受（說不定你喜歡它對你的看法）。這是規畫的開始。找出你所看的東西（大數據比你更清楚），然後從中增刪和規畫你的故事。

3.**拒絕影片APP**。我看了許多YouTube影片，但我發現，在我還沒有下載YouTube的APP時，反而會更審慎地篩選。這也適用於網飛。我也用電腦而不是手機收看，因為我抗拒手機的私密感。當我置身在公共空間裡，我會做出更好的選擇。所以，我在我的電腦裡保留了一個程式，以便把我的整個上網紀錄與一些親密的好友分享。這裡的重點是找出有什麼能幫助我們做出最佳規畫，而且要留意，在私底下單獨規畫，通常效果最差。

參考書目與資源

・ *Movies Are Prayers*, Josh Larson
・ *Telling the Truth: The Gospel as Tragedy*, Comedy, and Fairy Tale, Frederick Buechner

Point

無論是好是壞，我們會成為我們所關注的故事。在一個無限供應串流故事的世界裡，我們必須設限來強迫自己展開規畫。每週規畫接收的媒體信息幫助我們培養選擇故事的良好能力。

第9章

每週習慣3：
禁食(或禁某樣事物)24小時

禁食就是受苦。　　——我的朋友大衛‧威廉森

「你們禁食的時候……」
　　　　　　　　　——耶穌（馬太福音6:16）

有一年春天，我們一幫朋友南下佛羅里達州傑克遜維爾，前去探望我們的好友馬特和凱咪夫婦，在那裡度過了一段悠長的週末時光。馬特是我的最好朋友（你已經在探討友誼習慣那一章看過他），他在海軍服役，我們一群朋友照例每隔一年展開我們的春天南下之旅。

我們當中有些已經有孩子，有些還沒有，有些仍單身未婚——我們一起結伴同行。在一次週末長假裡，我們在泳池消磨時間，喝著提基酒，還準備了超浮誇的晚餐慢慢享用。

在這個特別的晚餐裡——我們花了一整天時間準備了酒、自製的麵包、一些煙燻烤肉——我們齊聚在露台上，一直聊到深夜。我們彼此之間的友誼早已發展到最甘醇的老友階段，我們圍著餐桌而坐，放慢步調，聊著彼此的近況。

然而，如同經常發生的那樣，在最溫馨的美好友誼時光中，悲傷往往已近在身旁。我的兩位好友在當天剛剛得知，他們再次受孕失敗的消息，我們已經為他們禱告了幾個月。這一年來，他們一再在盼望和禱告的周而復始中，經歷了心情的起伏跌宕。但他們現在再度面對心碎的悲傷消息。

然後，在接下來的聊天中，另外一對朋友提起了他們如何為幾個月前經歷的流產事件而悲傷難過，以及他們日後為了受孕所做的種種努力和掙扎。

對照我們展開這場晚宴前的歡樂，淚水和痛苦現在變得格外強烈。我們裝了一些串燈、調製了雞尾酒，採買並烹煮了所有要填飽我們肚腹的食材，然而心中的空虛卻始終揮之不去。

總是有一種痛苦，是吃東西撫慰不了的。

▶饗宴與禁食

食物比饑餓（或空虛）更早出現在世界。當神為亞當和夏娃創造伊甸園時，祂並沒有把果樹放在園中，然後告訴他們每天一定要吃飽三餐，否則祂為他們所造的身體就無法運作。不是這樣的。神把他們放在園中，在這裡「各樣的樹……能悅人的眼目，也好作食物。」（創世記2:9）神的百姓沒有缺乏，他們享有食物，因為神是慷慨的神，祂創造奇妙事物。

我們受造是為了享用盛筵。不是為了要吃得飽足，因為我們是飽足的。我們透過享用盛筵來慶祝那種豐盛。藉著盡情吃喝來填補空虛不是享受盛筵，而是應付。

但是，墮落改變了一切，當然也包含了吃喝。最能充分說明墮落的說法，就是我們把神賜給我們的好東西當作神來崇拜。當亞當和夏娃吃了善惡樹的果子，他們顛覆了神所賜的禮物。他們吃下禁果是為了要成為神，而不是為了要讚美神。人類墮落後，死亡和受苦跟著進入世界，我們與食物的關係也被破壞了。我們現在必須勞苦工作才能從地裡獲取食物。匱乏和徒勞進入了世界。我們的身體不吃東西就會死，而全世界第一樁謀殺案，就是因為對食物的忌妒而犯下的。

本來是為了歡喜慶賀與神同在的生命的最高潮，卻成了我們無可逃避的受苦與死亡的標記。

吞吃我們的空虛

在一個為苦難和死亡所盤據的世界裡，我們面臨的一個最大誘惑，是一再透過食物重演我們的墮落。我們試圖藉著吃來填滿我們的空虛。這也是為什麼聖經如此頻繁提到禁食。禁食作為一種抗拒這種原罪（試圖靠吃獲致快樂）的方式，迫使我們仰望神以得著豐盛。換言之，禁食是為了體悟這個世界的真理：沒有神，我們是空虛的，聖經上也說：「人活著，不是單靠食物。」（申命記8:3）

在禁食的過程中，我們從經歷腸胃的空虛（饑餓）開始，到體驗世界的空虛結束。在聖經裡，禁食不僅是彰顯和闡明我們需要神而已。禁食是擁抱世界本身的苦難，而渴望神的救贖。這是為什麼在以斯帖（艾斯德爾）時代的以色列人要禁食：他們知道自己處於一個敗壞、不公不義的政權統治之下，他們渴望神來救贖這一切。

這也是為什麼耶穌在開始祂的牧養事工之前，展開禁食的原因之一。耶穌受差遣來拯救人類脫離墮落，祂的四十天禁食禱告，表明了祂渴望這世界藉著祂即將展開的服事而被恢復。耶穌為了世界的豐盛而藉著禁食禱告倒空自己。

如此一來，禁食與萬事萬物的情節都相呼應。我們必須被倒空，才能被充滿。基督捨了自己的身體，我們才能吃喝祂的身體。

因此，每週禁食的習慣一方面是接受世界空虛的現實，另

一方面是為世界即將到來的豐盛禱告。世界當然不是在禁食中結束，而是在一場盛筵中結束。最重要的是，我們禁食是因為我們渴望羔羊的婚筵。

禁食如何顯明我們的內在需要

在傑克遜維爾與朋友們共度的那個晚上之後，我們決定一起禁食。我們的禁食目標之一，是共同承擔不孕朋友們的空虛，另一個目標是一起為世界和朋友們的不孕禱告，渴望這些空虛被填滿。

我們透過電子郵件來聯繫，我們挑選一天禁食禱告。每個人的做法不盡相同。有些朋友因為懷孕、哺乳或其他因素無法禁食，而改禁其他任何能激起他們慾望的事情，像是遠離糖或社群媒體二十四小時。有一些人則因為身體或工作上的限制，而只能禁食一餐。其他朋友則展開二十四小時，甚至是更長時間的禁食禱告。

禁食的重點不在於它的技術細節，而是擁抱缺乏，這可以用許多方式達成，不論藉助哪種方式禁食，都是一種比較激進的行為，在美國更是如此。禁食在美國是一種反文化行為，與美國夢背道而馳。在追求夢想時，我們告訴彼此我們可以全憑個人的努力在世界裡向上移動，只要我們到達了那裡，最終會過上幸福快樂的生活。在禁食中，我們刻意向下移動，進入到空虛中——尤有甚者，我們承認我們無法透過吃或工作獲致幸

福。我們需要神的幫助。

　　談論現代人安逸的生活方式，已經變成一種老生常談，因為我們明顯過著太過安逸的生活。我們吃得如此飽足，以致我們其實是死於過度。我們用吃來逃避生活中的問題，結果我們要用吃來應付當初暴飲暴食所導致的問題。

　　禁食暴露了這一切。禁食突然暴露了自我，因為你無法用食物來消滅自己的欲望、麻痺自己的感受，或者讓你覺得滿足或快樂。

　　我在禁食的時候，首先注意到的是我的空虛感。不論我多麼常禁食，它總是帶給我突如其來的驚奇：「喔，不會吧！我今天不能吃東西。」然後，我立刻感到渾身不對勁，只覺得無精打采。在沒禁食的日子，我不會想到早餐其實定調了我一天的情緒。在禁食期間，沒吃早餐的時候，我會想：「哎，這一天還有什麼好值得期待的呢？」我這時候甚至連饑餓感都還沒有呢。

　　當上午過了一半左右，我開始變得煩躁不安。我不僅努力集中注意力以忽略我的饑腸轆轆，也不能像其他日子一樣，每天盼著用午餐或零食來舒緩工作上的疲累。於是我的煩躁加劇、升高為憤怒，而處處顯得不耐煩。這就是操練禁食的第一個重點：看清真實的自己。

　　當我禁食的時候，我看出了我根本不是個有耐心的人。我根本不是個容易滿足的人。我其實不像我自以為的那樣獨立剛強。我是一個軟弱、不耐、憤怒的人，用吃喝來療癒自己。面對這個事實確實令人痛苦。然而，過一個沒有禁食的生活，就

是在過一個不認識真正的自己的生活。

這不是故事的結束，因為人活著不是單靠食物，「更要靠神口裡所出的一切話」（馬太福音4:4）。換言之，在真正的倒空中，有真正的生命。

禁食期間，我設法在用餐時刻撥出一些時間來禱告。於是，禱告開始以某種方式來充滿我，儘管我仍然饑腸轆轆，但是我的靈魂以一種獨特的方式被充滿。禁食會暴露你的慾望，你可以趁這個時候觀察它們。禁食加上禱告，我的靈性常常被提升至一種清明狀態，若不禁食這是做不到的。我越看清楚我的真實本相，我越發感知到神的真實屬性。

可以肯定的是，我的世界觀因此漸漸地受到調整。我領悟到我在世上不是為了獲致我想要的東西，而是去愛人。

我經常晚上回到家的時候，滿腦子想的都是我們的晚餐要吃什麼。但是當我禁食的時候，一個重要的轉變發生了。我回家不再是滿心期待晚餐要吃什麼。我一心只想在家人吃飯的時候服事他們。最顯著的改變是我確實因為那樣做而更加快樂，因為我一直以為是食物讓我感到快樂。但我現在明白了，只有愛能做到。諷刺的是，當那樣的改變發生，我最喜歡做的一件事，就是在禁食期間下廚做菜給其他人吃。

▶ 禁食如何顯明世界的需要

那次在傑克遜維爾相聚過後，我在一次和朋友們一起禁

食的某天晚上，決定出去走走。在禁食期間，晚上的時刻很難熬，因為隨著一天結束，我只感到饑餓難耐。我常常想不出要怎麼熬過這些時刻，而且我一般盡量不在禁食的晚上工作，所以不會有其他事情讓我分心。為了有事情可做，我會聽些東西，或者散步和禱告。在那個特別的夜晚，我兩者都做了。

我當時住在里奇蒙市中心北邊，一個名叫傑克森沃德的地方。這裡離我的法律事務所很近，往南走大約十分鐘，或是搭乘南向的公車，五分鐘就能抵達我的辦公室。但是我那天晚上外出散步的時候，我意識到，我每次走出家門都是往南走，因為我的辦公室在那裡。我的兒子們游泳的 YMCA 中心在那裡。公立圖書館在那裡，我們在那兒閱讀和遊戲。美味的咖啡館和麵包店在那裡。公車站牌在那裡。

簡而言之，這座城市的命脈在我們住家的南方。這個地區發展得如此蓬勃，直到我那晚展開第一次行動之前，我從未多想我從未往北走的事實。

我會往北走，是因為我剛聽完金恩博士於一九六七年在史丹佛大學的演說，他提到了兩個美國：「在我們國家的每個城市裡，都出現了這種二元化現象，」他說：「這種分裂出現在許多部分，因此每個城市最後變成了兩個城市而不是一個。這裡有兩個美國。」[1]

---

1 馬丁・路德・金恩博士一九六七年四月十四日在史丹佛大學的演講，參見：https://kinginstitute.stanford.edu/news/50-years-ago-martin-luther-king-jr-speaks-stanford-university.

那晚聽了他的演講後，我知道他在說什麼，因為我就住在第二個美國的邊界。所以我在那天晚上改變方向往北走，我走過三個街區，來到吉爾平考特（Gilpin Court），里奇蒙市最大的公共住宅計畫所在地。這裡比我的辦公室更靠近我的住家。我每天走路到辦公室，但從未走到吉爾平考特，一次都沒有。

吉爾平考特人的平均壽命，比二英里遠的西南邊鄰近地區少了二十年，而且每三個在這裡出生的男性中，大概有一個會吃牢飯。網際網路對這個地區的印象做了很好的總結：我在谷歌用「吉爾平考特」去搜尋，排名前幾個的搜尋結果會出現「屠殺」、「持刀傷人」、「槍殺」和「白天隨機槍擊案」等字眼。就「死亡」這個字出現在瀏覽器裡的次數來說（我真的算過），用「吉爾平考特」去搜尋「死亡」所出現的次數，比用「阿富汗」或「敘利亞」去搜尋的結果還多。

里奇蒙人說，我居住的傑克森沃德曾是紐約哈林區以南最繁榮的非裔美國人社區之一。有人稱之為「黑人華爾街」（black Wall Street）。在一九五〇年代中期，有人提議興建一條州際公路從它的中間穿過，但被公民投票否決了，因為有大量非裔美國人的住家會遭到破壞。後來，州議會趁關注度消退之際，把州際公路的興建計畫執行到底。[2]

里奇蒙市非裔美國人的文化和商業生活中心，從此變成了

2 Michael Eric Taylor, "The African-American Community of Richmond, Virginia: 1950-1956," (1994), Master's Theses 1081,https://scholarship.richmond.edu/masters-theses/1081/.

貧窮和政府專案的戰區。到了四〇和五〇年代，政府為了拆除貧民區的房子，開始興建公共住宅。我們當然知道了這個故事的結局。聚集窮人的公共住宅，再把居民隔絕在城市經濟欣欣向榮的地區之外，共同造成了第三世界式的噩夢重現在里奇蒙市。

我們是怎麼走到這一步的，背後原因錯綜複雜，但是這裡的實際生活情況卻是明顯可見的。我們已經讓這個城市分裂為二。橋這一邊是安全的，另一邊則成了戰區。

在那個晚上，當我走過兩個街區，站在橫跨州際公路的橋面上，我一直在思索金恩所說的兩個美國。我可以看到那個美國。一個穿著連帽上衣的男人經過我的身旁，我仔細看著他的動作，他則看著我的動作。我們兩人都看不見對方的眼睛。橋的對面是空地，沒有樹木。附近唯一開門營業的商店有個閃爍的麥芽酒廣告招牌。從店家的鐵窗看過去，我看到了一些男人在裡面閒蕩。我看到街角發出一道閃爍藍光，聽到了警車的鳴笛聲。

五十多年前，金恩博士發表了他的「另一個美國」演說，大聲疾呼人們要關注同為美國人、卻擁有截然不同生活和機會的現象。然而，我在州際公路的這一邊過著富裕的生活，而在那個晚上，我的腳停在橋上。儘管我努力了，卻無法讓自己走到橋的另一邊。

突然間，我被我們對彼此所做的事情壓得承受不住，我在一個街區外的一張長椅上坐了下來，開始禱告。「主啊，」我記得我這樣說道：「告訴我該做什麼。我知道祢知道，祢可以告

訴我。只要告訴我，我可以做什麼就好。主啊，就是現在，請說吧，我在聽。一句都好。」

　　然後，我等待著。

　　在這個特別的禁食期間，我感受到了一種與主的親密感，因此我確定祂會對我說話。我的身體前傾，安靜地坐著等候神跟我說話。「我會告訴每個人，」我提醒神說，「現在就請告訴我，我們能做什麼。」

　　突然間，我感受到我被光所包圍。我平靜的心情起了漣漪，我的心跳了一下。我感覺到有事情發生。當我抬起頭，我看見了混雜著紅、白、藍三色的一道光束，還聽見了一陣急促的聲音。一輛救護車和警車轉過街角疾馳而來，警笛聲響起。我可以感覺到車子引擎發出的隆隆聲。它們加速從我身旁呼嘯而過，旋轉的車燈在吉爾平考特的夜裡閃爍著。然後，它們從我眼前消失，四周再次恢復寂靜。

　　「就這樣？」我想道。然後，我又繼續安靜地待了一段很長的時間，心中充滿悲傷。然後，我的四周除了寂靜和鳴笛聲外，什麼事都沒發生，於是我走回兩個街區外的家中。

　　到了下個星期六，我開車載著妻小經過同一個地點——我們當然是在州際公路上。紅綠燈轉為紅燈，我把車停了下來。車窗外，正好是我坐過的那張長椅，我坐在那裡等待著神的回答，但只聽見寂靜。

　　當我回想著那晚失落的心情，我聽見了有人在叫我的名字，一遍又一遍叫著，聲音溫柔但很執著：「拔拔？拔拔？拔

拔！」我驚醒過來，意識到兒子正在叫我。他想要一本地板上的書。我回過神來，把書交給他。他安靜下來，翻著書讀了起來。我看著兒子，才兩歲大就在翻著書看，他正在培養愛閱讀的習慣，而且進步神速。我突然領悟到，這個兩歲孩子在某種程度上，確實比橋另一邊的大多數人要更厲害。為什麼會這樣？因為他可以被聽見。當他呼叫，有人回應。

我現在終於明白了，為什麼神在那個晚上用沉默回答我。沉默正是弱勢族群的正字標記。他們的弱勢是許多原因所致，但這點或許是主要原因：當他們呼叫的時候，沒有人回應。那不是因為他們不能說，也不是因為他們沒有重要的事情可說，而是我們不公正的制度淹沒了他們。司法的織錦巧妙地被撕裂，導致他們的聲音變得瘖啞。

你可以理解他們為什麼會停止呼叫。因為他們再也不相信呼叫的力量。弱勢族群之所以弱勢，正是因為他們沉默地坐著，沒有聲音傳達到有權者聾掉的耳朵裡。

我們當然可以來談談每個人有多麼脆弱，而且言之成理。我們在某些方面，確實都是脆弱的。但這種說法只是淡化了實際的情況；它用隱喻掩蓋了世界的真相。隱喻應該用來指向真理，引出真理，而不是讓真理變得隱諱不明。所以，這種說法在此並不適用。

事實上，有一種「本來可以避免的」苦難，持續在剝奪人性的貧窮中發生。而這都要**拜我們之賜**。

把這個問題攤在陽光下，把它指明出來是好的。禁食讓我

們得以用清澈的靈性旁觀我們是誰，以及我們做了什麼，不論指出這些實際情況有多麼令人不舒服，還是要做。

當我們禁食的時候，我們會對世界難以解決的苦難現狀變得更加敏銳。我們受苦中的鄰舍的困境有許多就暴露在那裡，它們需要被看見、被正視和被指明出來。尤其是像我這種不像他們那般受苦的人，更要這樣做。

即使我們不知道要做什麼或要怎麼做，光是打破沉默，就已經是邁向公義的重要一步了。

因此，禁食有一部分顯明了我們的需要，也有一部分向我們顯明了世界的需要。禁食就是擁抱空虛，空虛似乎潛藏在我們所有人當中，而且我們只要說「是的，它就在那裡，它也為了我的鄰舍的緣故而在那裡」，那麼藉著禁食就能叫世界的喧囂止息，得以聆聽人類學家歐內斯特・貝克爾（Ernest Becker）所說的「潛藏於萬事萬物裡所發出的隆隆恐慌聲」[3]。

透過這種禁食，我們超越自己的空虛，而進到其他人的空虛中。這是一種操練，操練我們的同理心，願意走進別人的痛苦中。這是效法基督，為了別人而限制自己。

➡ 禁食如何顯明那位滿足一切的神

他們的名字是朱尼伯和納撒尼爾。我在寫作這一章時，他

---

3 Ernest Becker, *The Denial of Death* (New York: Simon & Schuster, 1973).

們已經一歲半了，長得可愛帥氣。在與老友齊聚傑克遜維爾後的兩個月裡，他們在母親的腹中受孕成形。

在那次聚會之後，我們禁食了一次，到了那月月底，那對流產的夫妻懷孕了。我們為此而歡欣快樂。我們不敢置信，但那還不夠。因此，我們下個月繼續禁食。我們當中那對始終未能懷孕的夫妻，在那個月成功受孕。我們大感驚奇。我們又一次經歷歡欣雀躍的時刻。我們在享用盛筵。

人生通常不都如此美好，但朱尼伯和納撒尼爾這兩個小寶貝是兩個小小的「以便以謝」[4]。他們是神所成就之事的記號，神應允我們的兩次禁食禱告祈求，值得在此分享。因為它們是如此奇妙，我們決定一起禁食第三次。我們說：「我們的禱告既然已蒙神應允，讓我們來為世界的需要而禁食吧。」

我就是在這次的禁食期間，散步到了吉爾平考特的邊緣。這裡就是故事粗糙不平的邊緣：沒有任何改變（至少，我沒看到什麼變化）。

沒錯，我現在聆聽的方式不一樣了。沒錯，我被改變了。但我一定不可以讓自己走向這種錯誤的方式。

我仍然渴望，在我的這個里奇蒙市世界的小角落裡，看到更多事情獲得改善。而貧窮和弱勢的問題，猶如貫穿里奇蒙市的詹姆斯河（James River）一樣不可移動。

在禁食這一邊的實際狀況則是：我們許多最深切的禱告，並

---

4 譯注：根據聖經，以便以謝（Ebenezer）的意思是：到如今耶和華都幫助我們。

未照我們所渴望的蒙應允，雖然有神蹟奇事出現，這裡有兩個健康的小寶寶，但我的鄰舍的貧窮問題依舊存在。我對於聆聽弱勢者的意義雖然有了新的理解，但警車的警笛聲仍然一夜復一夜唱著悲歌。

▶ 基督倒空自己

即使我們的禱告未蒙應允，在禁食所開啟的空間裡，我們有了其他發現——基督。祂能解決、也將會解決所有這一切問題，而且當我們也倒空自己時，祂會與我們同在。

當我們倒空自己，就是在操練自己變得像基督（如同祂倒空自己）。我們操練自己與基督一同受苦。這不是站在勝利的山巔上，而是處於悲傷和失落的幽谷中，而耶穌在那裡等候我們。

這對基督徒的信仰非常富有啟發性。若我們什麼都不做，我們有可能成為這樣一個民族：逃避我們被文化放逐的現況，而持續被現代的速食文化所同化。我們可以輕易就遺忘那塊充滿紛爭、壓迫、少數族群的苦難、曠野、空虛和饑餓之地——**那是耶穌所在的地方。**

禁食作為一種操練，可以讓我們進入耶穌的生命。祂是無家可歸、饑餓的少數族群。祂是難民和被遺棄的人。祂是實實在在的窮人——這不僅是隱喻而已。祂生活在暴力之中。祂受虐而死。跟隨耶穌不僅是相信祂的生活，而是跟隨祂，進入他

的生活方式。但這種觀念與我身為美國人的慣常預期嚴重相牴觸。要在一個富饒的土地上成為窮人很難，要在甘美之地挨餓很難。生活在一個把窮人隱藏在州際公路另一邊的世界上，很難有同理心。很難。這一切都很難。

　　但是，禁食是一種習慣，我們可以藉此打破安逸舒適的生活，以尋求真正的安適。我和朋友們持續禁食，因為我們在這裡──就在美麗與破碎之間的斷層線上──找到了耶穌。我們藉著禁食所目睹的神蹟令我們驚嘆。而我們在禁食中所經歷到的破碎，令我們難以承受。我認為，這是為什麼操練禁食是一種既美好又痛苦的提醒，提醒我們一個美好的世界因為墮落而崩裂。

　　培養禁食的習慣，使之成為一種生活方式，意思是發展出一種理解力，使我們明白為什麼在現今的世界裡，美麗與破碎緊密交織在一起。我不知道還有哪種生活方式，能夠跟禁食生活一樣，既認知到神已經成就了一切，又仍然迫切渴望祂來成就所有事情。

實際操練指南
禁食（或禁某樣事物）
24 小時

每週習慣

每日習慣

愛神

抗拒

一分鐘重點整理

我們不斷尋求，用食物和其他慰藉來填補我們的空虛。

我們透過吃喝來療癒自己的空虛，卻忽視了我們的靈魂和鄰舍的需要。定期禁食顯明了我們究竟是誰。提醒我們這個世界有多麼破碎，進而吸引我們的目光，去看耶穌在如何救贖萬事萬物。

三種開始的方法

1.**挑選禁食內容**。第一步是從選擇有助你禁食的事情開始。在定期禁食方面，我自己偏好只單純禁食所有食物，但禁糖、禁酒精、禁

咖啡因，或是禁其他事物，例如禁電視、禁上網、禁社群媒體或其他事物，都可以幫助你展開定期禁食的習慣。

2.從黃昏到隔日黃昏。我偏好從星期四黃昏之際開始禁食，到隔天星期五的黃昏，以集體開禁（和其他人一起恢復飲食）來結束。這是與朋友一起禁食二十四小時的一個很棒方法。

3.從一餐開始。如果禁食一天讓你感到害怕，一個很好的起點就是跳過一餐不吃——也許是午餐——而用禱告來取代。如果你是和家人一起禁食，那麼跳過家庭餐不吃，全家就能在這個時候一起禱告。如果你是和同事或友人一起禁食，選擇午餐。以這樣的節奏和別人一起行動，會讓你更容易嘗試禁食，透過集體禁食可以更好地改變你的禁食體驗。

要注意的三個重點

1.集體禁食。我發現，集體禁食更富變化性——你會發現，只有自己一個人獨自禁食時，要遵守紀律有多麼困難。可以考慮在參與禁食的人之間建立一個聯絡彼此的簡訊或電子郵件，如此一來，成員之間就能互相鼓勵和彼此代禱。也可以考慮在禁食開始前，有個集體禱告時間，以及在開禁時一起做結束禱告。

2.禱告。通常，只是跳過正餐不吃，並不會驅使你禱告。以我自己來說，我發現我需要用散步來取代不吃，才能真正地禱告。不論用什麼方法，確保你會以禱告來取代用餐。

3.**多日禁食**。這不急著做，但我曾在多日禁食期間，經歷了遇見神的奇妙時刻。我也曾在為了認罪悔改而禁食多日期間，經歷煎熬的時刻。在多日禁食的過程中，身體和心靈會進入某種獨特的狀態。我會建議，把多日禁食當作一種偶一為之的操練，來逐步達成。

參考書目與資源

· *Celebration of Discipline*, Richard Foster
· A Hunger for God: Desiring God through Fasting and Prayer, *John Pipe*

Point

過一個沒有禁食的生活，
就是在過一個不認識真正的自己的生活。

第10章

每週習慣4：
安息日好好休息

勞心者，用雙手安息；勞力者，用心靈安息。
　　　　——亞伯拉罕・赫舍爾（Abraham Heschel）

太陽會升起，令你驚訝的是
它會自動升起，毋須你的幫助。
　　　　——山丘與樹林（The Hill And Wood），
　　　　　　　〈一切都好〉（All's Well）

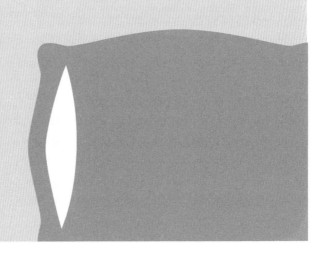

我站在一個小房間裡，一位中國醫生口中喃喃說著，一邊在我看不到的板夾上寫了一些東西。他穿著醫師白袍，看起來有些滑稽，但也令我感到自在。

「你的睡眠時間有多長？」他用一口破英文問我。我遲疑了，掙扎著是否要把我每天晚上用電子表格記錄自己睡眠時間的結果拿給他看。不過，既然我的目標是要讓睡眠達到最小化，只確保我的睡眠時間有五小時（甚至更少），我想我還是不要告訴他好了。

「可能睡不夠吧，」我用中文回答他。

「你的工作很吃重嗎？」他問道。我又遲疑了。他說英語讓我很洩氣，因為我就是為了努力學中文，才把自己搞到失眠，不得不日以繼夜地工作。

歷史上那些前往中國宣教的偉大傳教士，就是以其精通中文而著稱。據說，利瑪竇（Matteo Ricci）這位十六世紀受差派到中國宣教的義大利耶穌會傳教士，他會在皇帝的御宴上要求坐席的每個人背誦一首中國古詩。聽過一次後，他就能一字不差地向現場聽眾複誦——就差不能倒背如流了。利瑪竇是個記憶大師，他的勤勉讓他在中國獲得了眾人夢寐以求的榮寵和機會，也得以在這片土地上向朝廷高官傳講耶穌。

在中國（還有在全世界其他許多地方），學習一個民族的語言是對他們展現敬重之意的一種方式。我有一次打電話給一家中國冷氣維修公司，請他們派人來修理冷氣。當技工來到我家門口，他們說地址錯了，因為打電話的是個中國人。那是我

待在中國最驕傲的時刻。

據說，利瑪竇擁有一個他稱之為「記憶宮殿」的地方——他在心中想像一個雄偉的城堡，並繪製了一張心靈地圖來標記所有學習到的事物。他只要聽到一個新東西，就會在心中想像自己把這些新資訊存放在宮中的某個房間裡，當他需要使用它們的時候，就想像自己走回房間裡，取出要派上用場的知識。我當時（現在還是）完全被這種無窮的心智圖像潛能所迷住。

我很想成為優秀的傳教士，於是我全心全意投入在學習上。我開始嘗試五花八門的「生活小撇步」，想方設法找出可以促進我的身體和心智效能的方法——我一心想靠自己的努力變得像利瑪竇一樣。

我嘗試間歇性睡眠，以及其他讓睡眠最小化的方法。我購買速讀書籍，訓練自己能在幾秒內讀完一頁。我也開始以十五分鐘為單位追蹤記錄我的時間，藉此瞭解我到底把時間用到哪裡去了。我每天早上安排自己閱讀、看新聞、寫作和學習，因此我在八點半出門上課前，已經完成了比大多數人一天能夠完成的還要多的事情。我甚至嘗試創造自己的記憶宮殿。

但我的種種努力多半都沒有用。

我設法不睡覺，我的腦袋就繼續當機。每次我在三十秒內讀完一頁，我完全不知道我到底在讀什麼，連一點點概念都沒有，我有時候甚至連自己在讀什麼書都不知道。我一再走進我的記憶宮殿，像個幽靈在門廊徘徊不去，但我連房間都記不得，更不用說房間裡面有什麼了。

我雖然為自己的心智能力和記憶力來到極限而深感挫敗，但我仍然在人生這個階段，感受到真實的愉悅。我記錄時間的做法奏效。那就像記錄財務開支一樣——我只要看到我的資產流向，就會採取不同的因應行動。記錄時間幫助我更快學會中文。到今天，我都還維持記錄時間的習慣（雖然我知道這樣做很奇怪）。

很少有其他事情比一頭栽進美好的工作更讓人感到心滿意足的。事實上，美好的工作似乎具有某種弔詭的特質：所有值得去做的事情，都需要你用一生時間投入其中；但另一方面，沒有任何事情值得你傾盡一生，做到你整個人崩潰為止。直到我崩潰之前，我一直不知道那個時間點會在什麼時候來到，我在中國的那段人生時節崩潰了，所以我才出現在醫生的診間。

那年春季末，我開始出現持續性病變——我的身體出現莫名的腫脹和發炎，始終不見消退。直到我的顴骨上方也出現腫脹、發炎，我才決定就醫。

「是啊，我的工作繁重。」我說，然後我一五一十告訴他我的狀況。我告訴醫生我的行事曆、我把睡眠極小化，以及造成我的身體壓力爆表的背後驅力。

他放下板夾，第一次用中文跟我交談。「不要緊的。」他說，那是「別擔心」的隨興說法。他把手放在我的肩膀上。當他用自己的母語說話的時候，他的個性忽然也跟著轉變。他的聲音聽起來柔和又睿智。他看起來更像是一個祖父而不是醫生——像是一個我可以信賴的人。

「你需要休息，」他面露微笑說道。

我突然感受到一種不可思議的輕鬆感，整個人如釋重負。然後，我走出診間回家。

▶ 休息的神

神在創世之初，宣告祂的創造是好的，然後夜晚臨到。祂在安歇之前，分六次逐步完工。到了第七天，祂停止工作，不再做任何事。神安息了，因為創造世界的大工已經完成。

驚人的是，全世界大多數人直到今天仍然根據這個神聖的七天節奏，來安排自己的生活。我們工作，然後我們在週末把工作告一段落。這是有原因的，因為我們就是為了這個節奏而受造的。

「專注」和「完成」是工作兩大值得讚許的亮點。我在工作上的最美好時刻，就是當我全神貫注在工作上，整個人沉浸在忘我的愉悅中，或是在我終於完成一項專案，把它從清單上勾除的時候。我的妻子和我常常開玩笑說（或者更正確地說，是抱怨），我們教養孩子一整天，最困難的部分是我們永遠做不到這兩點。

但是，專注和完成的節奏似乎就內建在「身為人類的意義為何」這個DNA裡。這也是為什麼把我們的身體當作機器來對待是錯誤的；我們的身體不是受造要過這種工作生活的——當我們完成工作要休息的時候，沒有一個固定的停頓點。

當我回首過往這段渴求「生活小撇步」的人生時期，我看出了其中潛藏著某種不祥之兆。這個基本概念就是：我是一部電腦或機器，我可以找到方法來彌補我的不足之處。我可以為我討厭的限制（像是需要睡眠或休息）找到解決之道。

我知道我對利瑪竇的羨慕古怪得很，所以我不怪他。但我曾欣賞他的一點是他似乎沒有極限，換言之，他不是正常人。我羨慕這點是因為我不喜歡我的有限。

我承認我是個怪咖。我素來有種古怪的傾向。出於某個理由，我通常不會把我學習速讀和記錄睡眠這類事情告訴別人。但是驅使我這樣做的動力似乎是一種普遍現象——我們都不喜歡自己的有限。如同亞當和夏娃在伊甸園一樣，我們不滿足於**像**神；我們想要**成為**神。每週守安息日的習慣就是在提醒我們，神是神，但我們不是。

▶ 忙碌成了地位象徵

我們的文化仍然以七天來安排行事曆，卻明顯忽視了在第七天要休息。事實上，在我這一行和在我的職業生涯裡（我想對許多人來說也一樣），這種休息一天的想法，說好聽是一種過時的觀念，說難聽一點，那是一件可恥的事。

有一次，我在公司的會議室裡，對六、七十名新進的年輕律師發表談話。當我告訴他們，長遠來看，要成為一名優秀的律師，他們需要培養每星期休息一天的習慣，你可以聽到迴紋

針掉在地上的聲音。現場的氣氛彷彿我說了什麼醜聞。他們充滿興趣，可能還想聽我說更多，但同時也想知道，站在我旁邊那位事務所的資深合夥人，是否會把我轟下台。

我當時意識到，我如果更像在中國時的我一樣，告訴他們怎麼睡個好覺的新生活訣竅，他們肯定會鄭重地點頭表示贊同，儘管心中有些酸楚。

這就是我看待利瑪竇的方式。我們的文化似乎發展到一種境地，大肆讚揚種種非人行為是偉人行徑。而由此產生的後果當然是可怕的。

那個夏天，我必須進行顴骨病變的清除手術。我的臉上至今仍然可以看到那道不休息所導致的傷疤。但我很感激那個病變，因為我在那時候學到了休息是個慷慨的禮物。休息是為了我們的身體和靈魂所設立的。當我想方設法過一種不受休息限制的生活，我的身體和靈魂都會因此而飽受折磨。

有些人就沒那麼幸運了。他們大半的人生都在否認他們需要休息，直到崩潰那天，甚至狀況要嚴重得多。我每天都在職場上看到這類事情上演，也在我的教會裡看到。

我們也許會利用週末時間休息，但我們在不工作的日子，經常是拚命地要設法完成其他事情：新的嗜好、新的旅行、更多的聚會、更多的副業。我們有一天的閒暇時間，所以我們要趁這個時候「振作起來」，或者把我們一直想要處理的家務都搞定。「停下來打個盹」成了軟弱或是不善管理的表現。老實說，我們有時候覺得休息是不道德的。

　　過去，上流階級用展現他們的閒暇生活來彰顯他們的身分地位。但到了今天，我們用馬不停蹄的生活來彰顯我們的地位。你越重要，越需要更多的時間，因此沒有人有充足的睡眠時間。

　　當然，我們在躁動不安的文化裡所追求的，就是持續感受到別人認為我們是重要的。

▶ 躁動不安的靈魂

　　不是只有我們的身體需要休息，我們的靈魂也需要。但我們的靈魂所需要的休息，不只是打盹那樣簡單而已，靈魂的休息是要領悟到，我們不再需要任何東西來證明自己之後，伴隨而來的休息。我們不必去證明自己是重要的。

　　這是為什麼我們生活在一個不能接受安息日的文化裡：我們不相信工作是出於神，是為了我們的鄰舍。反之，我們相信工作是出於我們自己，也是為了我們自己。我們追求工作的目的，是為了成為我們想要成為的那個人。我們的職涯定義了我們。我們透過工作逐步證明自己的重要性，向自己和彼此證明我們是忙碌的；我們在設法證明我們很重要，世界需要我們，換言之，世界仰賴我們。

　　但是，福音要揭穿那個假相。我們不必像那樣工作，因為耶穌已經為我們做了，而且已經做成了。〈希伯來書〉告訴我們，神已經進入祂的永恆休息中，換句話說，神已經進入祂的

完全安息中，因為祂的工作已經完成。神不僅已經完成祂的創世工作，也在耶穌裡完成了祂的救贖工作。

當神的計畫因為我們的罪而出錯時，神以嬰孩降生的形式進入這世界，來修正這個錯誤。當耶穌進到人們當中生活和經歷死亡，祂一次永遠完成了這個工作。這是為什麼耶穌在十字架上的最後一句話是：「成了！」

完成了什麼？完成了救贖的工作。耶穌藉著祂的死和復活，已經完成了所有必要的工作，好讓我們可以與愛我們的神重新連結。沒有要再增添的，只有我們要領受的一切事情。

想獲得靈魂的安息，是要知道在耶穌裡，所有工作都完成了。[1] 所以，奧古斯丁寫道：「我的靈魂是如此躁動不安，直到它在祢裡面找到安息。」

事情便是如此。我們終於可以休息一天，我們終於可以打個盹、凝望一片雲，或是與朋友共享一頓盡興的晚餐。「成了」是萬物的搖籃曲，我們躁動不安的心也包含其中。

▶ 安息日：唯一要做的就是放下工作

如同我在中國學得的教訓，每個人都需要休息。如果你選擇不休息，那麼現實會逼你休息——而這點經常是以生病、受傷或情緒崩潰的形式臨到。一旦落入這種處境，往往令人感到

---

1 我要感謝 Tim Keller 對於靈魂的安息日這個概念的教導。

痛苦。在中國的那一年之後，蘿倫和我開始把安息日當作必要的事來實行。

我們從中學到的第一件事是：適當的安息著重於「做」而非「不做」。也就是「做」一些讓自己感到閒適寧靜的事情。我們常常打算什麼都不做、耍廢就好，結果卻事與願違。我們確實有這方面的需要，我們的身體尤其需要休息放鬆一下，還有用笑聲來提神。不過，我們的靈魂需要的不只是什麼都不做而已；我們的靈魂需要做讓我們感到**閒適寧靜**的事情。在這個意義上，真正的休息需要真正的做一些事。

蘿倫和我在中國期間發現了一些事情，有助我們從一週的語言學習以及和學生的對話中重振活力，這些事大多數都需要經過仔細的規畫。一個理想的安息日看起來如下：睡個飽、敬拜、與朋友好好吃一頓長時間的午餐、回家休息（也許會小睡一下，也許會夫妻親密一下）、出門探索在我們居住的城市裡我們尚未去過的地方，或者到公園散個步，並攜帶一本純粹是為了閱讀樂趣而讀的書籍。

這些活動有一個共同點，不是「耍廢」，而是展開敬拜或投入活動中。它們吸引我們更親近神和其他人。我需要的休息不只是更多的睡眠，也會伴隨著美好友誼的展開，或者安靜地沉浸在上帝的創造中。

職業與安息日

我們的安息日習慣，會隨著時間過去和職業的變動而有所

改變，其實理當如此。亞伯拉罕・赫舍爾這位生活於美國民權運動期間的猶太拉比，針對這點便指出了：「勞心者，要用雙手安息，勞力者，要用心靈安息。」[2] 你的工作型態會影響你的安息日型態。

有很長一段時間，寫作是我的安息日的一部分。寫作激發了我的創造力，而且一直是促使我與上帝連結的最好方式之一。在寫作的過程中，我感受到了文字的力量所帶來的創作和改變之樂。但是，當我開始寫作本書的時候，我立刻就意識到，這真的是一件很辛苦的工作，我需要定期從寫作中抽離出來休息片刻。有幾次我為了配合寫作，導致我無法守安息日，我因此注意到，曾經帶給我安息的事物，現在反而毀了我的安息。所以，安息日會隨著生活的改變而改變。

當蘿倫和我為人父母後，我們的安息日面臨了全新的挑戰。若非事態發展變得如此顯而易見，你還真無法讓自己暫時從育兒的任務中脫身，歇息片刻。結果，我們在培養安息日習慣的過程中，領悟到了兩件事：

1. 找出安息日的節奏。有些時候，像是父母生病、新生兒誕生、艱鉅的新工作……等等，的確會讓實行安息日變得相當困難。但在致力於培養習慣的過程中，不要忘了最重要的事情，就是更多聚焦於準則本身，而不是例外。

發展出守安息日的節奏才是根本所在。換言之，艱困時

---

2 這句話一般非正式地歸功於亞伯拉罕 ・ 赫舍爾，但可能得回溯至一個猶太俗諺。

期——我們此時脫離了例行生活——是不尋常的時期,而不是常態。但真正重要的是,在艱困時期仍然堅持尋求安息日,因為我們最有可能在這樣的時刻,把自己累垮。

　　2. 集體安息日可以改變一切。社群可以幫助你在艱困的時節裡承受重擔,因此,即使有個人的生命倚賴你維生(例如你是新手媽媽),你還是可以有安息日。蘿倫和我還沒有孩子的時候,我們的集體安息日就是與朋友一起享用一頓大餐,而且一聊就聊了好久。

　　我們在人生這個階段,每個星期日都會舉行家族晚餐,這意思是,就算有一百萬個孩子要餵養和照顧,我們還是會聚在一起,而且彼此幫助。大一點的孩子可以自己找樂子玩,小一點的孩子也可以離開去小睡一會兒。那是我經歷過最瘋狂也最混亂的安息日,但不可否認,它讓我感到悠閒安適。在此提一下我的母親,她常常在其他人還沒有意識到的時候,已經把所有東西都收拾好、清理乾淨,幸虧有她,讓我們的安息日無比安適。

　　此外,由於父母親全都聚集在一處,那些一整個星期都在照顧孩子的父母親現在就可以休息一下,也許是趁這個時候趕緊把要看、要回的電子郵件處理完,或者做一些讓自己放鬆的活動。

　　為了現代的家庭,我們可以把赫舍爾的名言改成這樣:「全職育兒的家長,要用電子郵件讓自己安息。平日與電子郵件為伍的上班族父母,要用育兒讓自己安息。」

安排安息日的時間

守安息日和其他習慣一樣，需要操練。當守安息日不是一種常規，要開始這項操練十分困難。第一步是挑選一天，並告訴你身邊的人。我發現，我在念法學院和當律師時，我很難開口告訴同學或同事，到了週末，我要等到星期日晚上才開始工作。雖然有時候不一定要告訴他們，但為了打消他們的預期心理，我必須告訴大家，我要一直到星期日晚上才會回覆他們的電子郵件。我說出來後，總能獲得他們的尊重，即使尷尬，總是比不告訴他們好。

蘿倫和我現在維持星期六傍晚到星期日傍晚作為我們的安息日。我們在星期六下午經常忙著洗衣、打掃家裡，以及其他在安息日開始前必須完成的事情，以便在家中（和心裡）創造休息的空間。然後，在下午將盡的時候，我倆會和兒子們點上蠟燭來開始安息日。

標記時間很重要，點蠟燭這個動作不僅是在說：「好，我們要開始了。」也是一種很棒的方式，讓孩子們可以參與（事實證明，孩子們真的很喜歡火）。點起蠟燭後，我們走到屋外，全家一起做點有趣的活動。我們的星期六晚上通常是和朋友們聊天度過的。

我在星期日早上最喜歡做的一件事情，是起床後，在去教會前，為孩子們做一頓豐盛的早餐（蘿倫還在睡覺）。只是這樣一個簡單的行動，就讓星期日別具意義。我們通常盡可能參加最後一堂的主日崇拜，以保持早上悠閒的特性。

　　蘿倫和我很喜歡這種星期六晚上到星期日晚上的安息日，因為這讓我們倆在星期日晚上有時間為即將到來的一週預做準備。我總是告訴同事，不論週末有什麼突發狀況、需要為星期一預做準備，我可以在星期日晚上孩子們上床睡覺後工作。

▶ 讓人躁動不安的原因

　　想要守安息日，幾乎每個人都會有這樣的感受：「我做不完所有的事情。」那可能是洗衣服，可能是庭院施工計畫，可能是工作上的電子郵件，或是找工作。不論是什麼，當你計畫要停止工作二十四小時，總是會被提醒你做不完所有的事。這就是重點！

　　守安息日本來就應該要讓我們覺得，好像無法做完所有事情，因為現實就是如此。我們做不完所有事情。安息日保護我們不必假裝我們可以搞定這一切。安息日幫助我們發現聖奧古斯丁所描述的「躁動不安的靈魂」。

　　我開始實行安息日是出於迫不得已 —— 我的健康仰賴它。我現在透過安息日來理解我的救贖 —— 我的靈魂仰賴它。當我停止工作，我必須承認世界並沒有仰賴我。有時候，如果要我停止寫電子郵件和停止上網，我的感覺彷彿星球脫離軌道一樣。神奇的是，當我守安息日的時候，不僅星球繼續高掛在太空中，通常也沒有人注意到我離開了！

　　安息日幫助我明白，我是多麼渺小。當我不理解這一點

的時候，我總是很容易弄錯究竟是誰倚賴誰。這種「維持世界運作的是我而不是神」的錯誤信念，正是造成我們躁動不安的主要原因。這種信念之猛烈，留給我們心理和身體抹不去的傷痕。我的傷疤至今仍留在左顴骨上。

在守安息日習慣的深沉寂靜中，我們開始悟出這個世界的真理：我們對世界而言並非不可或缺。這顯明了恩典的美善。在安息日裡，我們體會到，即使我們當中最重要的人物消失了，世界依舊繼續運轉。但如果是基督（宇宙的維持者）消失了，萬事萬物都會消失。

我有時候會回想起利瑪竇的記憶宮殿。我想像著，即使是我們當中最卓越、最富有和最成功的人士，仍是要完全仰賴基督的恩典來維持世界時刻運轉不輟。如果基督停止工作，那麼不僅星球會殞落、光會消失，連所有美好的記憶、宮殿裡的所有房間、所有我們過去的光景和對未來的憧憬——所有我們珍視的東西——猶如電視遭到斷訊，全都會砰一聲消失不見，只剩下無意義的嘶嘶聲。

但是，因著基督的慷慨仁慈，萬事萬物和所有記憶繼續存在。祂此時此刻仍然供應我們生存所需的一切，下一刻依然如此。

因此，安息日是我們救贖的本質。我們可以安息，因為誠如英國修女諾里奇的朱利安（Julian of Norwich）所指出的，到最後「一切都會好起來，所有事情都會好起來」[3]。我們能夠安

---

3 Julian of Norwich, *Revelations of Divine Love,* Oxford World's Classics, trans. Barry Windeatt (Oxford: Oxford University Press, 2015), 20.

息，因為神已經把所有要完成的事情都完成了。

來享受安息

由一個中國醫生教導我這個美國傳教士要過安息日，雖然顯得諷刺，但我很高興有這樣的經歷。當我回憶起他把手放在我的肩膀上，看著我的眼睛，用他的母語（中文）告訴我我可以休息的那一刻，我想到了耶穌。我們都在尋找一個我們信賴的人，看著我們的眼睛說，我們已經做得夠多了，可以停下來了，不會有問題的。這就是福音的好消息。

有許多人相信，作為一個基督徒，意謂要努力做一個好人。這種想法意謂神可能喜歡「好」人。沒有人是完美無瑕的，但神至少會饒恕那些努力要成為好人的人。

這是錯誤的觀念！一個字都不要相信。更糟的是，這是所有謊言中最沉重的謊言。事實是：我們把生活搞砸了，但我們仍然被愛，這才是值得我們相信的一件事情。

如果你的人生觀是你能掙得自己的價值，你能以善勝惡來掙得自己的救贖，你能用賺取的財富或達到的地位，證明你在世界的地位──那麼，來休息吧！來靠近耶穌，和耶穌一起安息。有一種平安是任何努力都買不到的：耶穌先走向你。祂活出了我們努力要活出的良善生活。祂做了這一切。祂犧牲一切。祂總是說正確的話。祂總是知道要做什麼以及往哪裡去。

這把祂帶往哪裡呢？祂因此被殺。人們憎恨祂。他們扒光

祂的衣服，使祂赤身露體，將祂殺害。祂活出了我們所有人努力要活出的發光生命，得到的回應卻是死亡。但這一切全都是出於愛，全都是為了你和我！

祂在客西馬尼園（革責瑪尼園）徹夜不睡，所以你能安穩入睡。祂在十架上完成了祂的工作，所以你能享安息。祂讓世界粉碎了祂自己，**所以世界不必粉碎你**。祂從墳墓中復活，所以你的所有抱負不會在墳墓中結束。

如果你讀了本書，以為可以從一些每天和每週的操練中，建立美好人生，你就讀反了。愛已經先走向我們，我們緊接其後所做的任何其他事情，都只是對這份令人驚嘆之愛的回應。

基督徒當然回應了這份愛。因為基督復活，有了各式各樣美好的生活方式。有形形色色的人顯明祂的愛。有許多東西要研究，有許多語言要學習。有如此多美好的工作要和世界的救贖主一起做。有許多的習慣要操練和培養。

但這一切全都出於神的愛，而不是來自我們的需要。

是的，那就是好消息，安息日就是福音的實踐，一週復一週教導我們（我們的身體和靈魂）上述真理。把習慣放在愛之前，你會拘泥於律法，但把愛放在習慣之前，你會被福音所充滿。神對我們的愛真的能改變我們的生活方式，但我們的生活方式永遠無法改變神對我們的愛。

實際操練指南
安息日好好休息

擁抱

每週習慣

每日習慣

愛神

一分鐘重點整理

每個星期守安息日的習慣，教導我們是神維持世界的運作，而不是我們。擁抱我們的有限是一種反世俗文化的行為，我們停下日常的工作，讓自己休息一天。

守安息日是一種福音實踐，因為它提醒我們，這個世界的運作，不是取決於我們能完成什麼，而是神已經為我們完成了什麼。

三種開始的方法

1. **選擇任何一個24小時的時段。** 理想上，我們的安息日都定在同

一天。但有做總比沒做好。如果你身為牧師、醫學系學生、退休人士，或是身兼職業婦女的母親，可能會選擇不同的安息日時間。我發現，星期六傍晚到星期日傍晚這段時間，對我的工作以及我的大多數朋友的生活而言，是最適合的時段。重要的是挑選一段時間，並通知那些有必要知道此事的人，以及與你共事的人。

2.**列出要做與不做的事情。**你可能需要時間來釐清，敬拜和休息的安息日對你的意義是什麼。如果你即將開始操練安息日，寫下三件你要做的事和三件要避開的事，這或許對你有幫助。這份清單可能會隨著你的進展而改變，但把它們寫下來不僅有助你想清楚，也能夠讓你對自己負責。

3.**集體安息日。**集體實行安息日是一個很棒的方法，可以促使你進入安息日的節奏中。在一個朋友圈裡，可以透過定期共享一餐，來奉行安息日。要保持一個閒適寧靜的安息日，你必須分配好自己的勞動力。在安息日和親友聚餐時，主人不能包辦下廚和清潔等所有事情。或許你可以養成一種習慣，請每一個參加的人都帶食物前來，飯後大家一起清理乾淨，席間就盡情地交談。

要注意的三個重點

1.**在週六工作。**如果你需要在星期六工作幾個小時或一整天，以便能在星期日休息（反之亦然），我建議就這麼做吧。就我的家庭生活而言，星期六下午留在辦公室工作，整個星期日休息，這樣更適合我。這樣做與分兩天工作幾小時的情況大不相同。全神貫注一次

把工作做完，這樣做是值得的，如此一來，你就能專心地休息，並體會到在耶穌裡，一切都完成了。

2.**溫和告知休假的信息**。讓別人知道你正在放假，不是什麼難以啟口的事情，不用覺得尷尬或害怕。發一封簡單、語氣中性的電子郵件，寫說：「我要暫時離開我的電腦到今天晚上八點。」是大有幫助的靈巧做法。

3.**電子裝置安息日**。你可以享受安息的最重要做法，或許是關閉螢幕。不過，這不是法律。我通常不會碰我的電腦，但在某些特定時節，和家人一起收看長時間的棒球比賽是我的安息日重心。我建議維持一個月在安息日不看任何螢幕的習慣，以實際體會那是什麼樣的感覺。之後，如果你發現收看網飛是你的安息日重心，你可以重新恢復這樣做。但切斷電源線一陣子，給了你機會嘗試一種你可能不知道的其他週末生活方式。

參考書目與資源

· *The Tech-Wise Family*, Andy Crouch
· *Sacred Rhythms*, Ruth Haley Barton

Point

安息日是我們救贖的本質。
我們能夠安息，因為神已經把所有要完成的事情都完成了。

第11章

失敗與美麗

熱烈地活著是人類的基本渴望，也是藝術上的必
要。 ——邁可‧基默爾曼（Michael Kimmelman）

她為我作了一件美事……我實在告訴你們，這福音
無論傳到世界上甚麼地方，這女人所作的都要傳
講，來記念她。 ——耶穌（馬太福音26:10-13）

那已與我們隔絕——無前也無後的
不是那激情的瞬間，而是每瞬間都在燃燒的一生。
——艾略特（T. S. ELIOT）

▶ 失敗的習慣

天將破曉之前，我緩緩地醒來，想到了昨天晚上。我和一位客戶共度了一段隨興的愉快時光。在春天的夜晚，我和一位朋友在我們家的前廊聊到忘了時間，直到凌晨一點才罷休。當我從床上坐起來而感到頭痛欲裂時——只睡五個鐘頭再加上半夜以後一罐啤酒下肚所致——我想到我應該要更有責任感才對。

我的兒子庫爾特當時才三個月大。我可以聽見他在隔壁房間開始躁動。「他不應該這麼早起來的。」我自言自語抱怨道。於是，我到他的房間把他從嬰兒床抱起來，在換尿布檯旁屈膝匆匆做了晨禱後，我搖著他希望很快就能哄他入睡，我實在是太異想天開了，嬰兒從來都不會乖乖地馬上睡著。

我感到很洩氣，因為我當時正帶領一群人操練通用準則的習慣，而我剛剛就在自己設定的許多目標上失敗了。我計畫要戒酒——才剛破戒沒多久。我計畫要比孩子們早起——結果如何，你已經看到了。我有一封電子郵件要寫（為了要檢查並詢問每個人在習慣的操練上進展得如何），但我覺得自己就像是一個超級偽君子。我似乎永遠都做不到我想做到的事——永遠。

我滿腔憤怒，我做了任何正常人在這種情況下都會做的事情。我打開手機，然後開始滑手機。

我不知道自己要搜尋什麼。我只是想要有東西可以抓住我的目光，來轉移我的注意力。我的心感到空虛，正在尋找可以填滿的東西，**任何東西**都可以。

當我打開手機，「滑手機前先讀經」的念頭進到我的心中，因為這已經變成一種習慣，所以當我以手機來開始一天，我會感到有哪裡不對勁。「這實在是太愚蠢了，」我想道：「這根本是一種拘泥於律法的愚蠢規定，甚至是無關緊要的。」

然後，我停了下來。我注意到我在經歷一種熟悉的感覺：那是習慣的感覺。

我知道這種感覺，因為我經歷過許多次。那通常與某個壞習慣有關，像是吃宵夜、故意說些讓自己爽的刻薄話，或者即使應該是工作時間，仍打開瀏覽器視窗。

這一次，情況出現了莫名的轉折，我意識到了某個好習慣，但我真的很不想做。我試圖告訴自己不要理會它，卻做不到。

「好啦，我會照做。」我告訴自己。

我把庫爾特轉過身來，他吃著奶嘴發出噴噴聲，睜大眼看著我，彷彿他可以看見魔鬼和天使在我的肩膀上交戰，滿臉好奇地想知道這一幕究竟會如何落幕。我打開一個每日禱告APP，〈詩篇〉二十七篇躍入眼簾，我開始速讀——彷彿我的眼睛正快跑衝刺。這絕對是對聖經經文的一種羞辱。

然後，彷彿有人設置了一條絆腳線。在我全力衝刺通過這篇讚美詩時，我的膝蓋突然被絆倒，整個人撲倒在地，臉就趴在這段經文上：「有一件事我求過耶和華，我還要尋求……我要瞻仰他的榮美。」（詩篇27:4）

我停下來。我把這節經文再讀了一遍。然後，又讀了不下

十遍。

突然間，一切變得不一樣了。在天剛破曉、天色微明之際，我依偎著嬰兒床，想著「瞻仰榮美」的意涵。我想到了每當我偷溜進孩子們的房間，看著一張張睡著的臉時，心中某塊石頭落地的安心感覺。我想到了我的妻子瞇起眼翻閱書頁時的神情。我還想起了每天傍晚夕陽映照在詹姆士河河中的石塊、波光粼粼的景致。

我思索著上帝如何用美麗的事物充滿我的生命。在我裡面的一切是如何受造來要注視美麗的事物，以及，我的命定是如何看見神回過頭來注視著我。

〈詩篇〉這節經文給我的感覺，猶如詩人謝默斯·希尼（Seamus Heaney）在我最喜歡的一首詩裡的描述：「從側面向我衝來／我的心猝不及防，便全然向它敞開」[1]

世界正在展開，而我以醒來後出現在心中的糾結拉開一天的序幕。我本來還凝視著那些糾結的欲望，但現在我的目光被神的榮美以及祂所創造的一切所吸引。

罪是要使我的心向內蜷縮，但聖經的話語猛烈撞擊我，使我的心被敲開。在剛才，這些惱人的習慣讓這一切再度啟動。

我在那個早上寫了封電子郵件。我在前廊一手抱著庫爾特，一手在手機上寫電子郵件，我的開場白是這樣寫的：「我今天早上醒來，感覺自己是個失敗者和騙子。」在我寄發的電

---

1 Seamus Heaney, paraphrase of "Postscript," *Seamus Heaney* (Cambridge: Harvard University Press, 1998).

子郵件中，我從未收到如此多感謝回函。顯然，在我所有關於通用準則的談話中，沒有一件比談論失敗對人們的幫助更大——因為我們活在失敗中。

我在那個早上領悟到，失敗不是習慣養成的敵人，失敗是習慣養成的禮拜儀式。我們如何應付失敗，清楚反映了我們對自己本相的真正看法。我們真正相信的神是怎樣的一位神。當我們被失敗所絆倒，我們是落入自己手中，還是落入神的恩典當中呢？

失敗是道路，美麗是目的地。我們走在失敗的道路上，邁向美麗。換句話說，在失敗與美麗的相互影響中，習慣於焉養成。任何習慣的養成，不能以追求成功或生產力為目的，或是為了追求一個更好的新的自己。習慣必須是為了得見榮美而做。如果你的目標只是幫助自己，那麼失敗會毀了你。但如果你的目標是榮美，失敗反而會使那個目標更加閃亮奪目，於是，你重新站起來，繼續前進。

規畫美麗人生

活出單一的一貫生命，是人類最大的夢想之一。就此意義而言，一個整全的生命非關道德表現，純粹是成為**一個全人**的喜悅。我們渴望做一個完整的人，但事實恰好相反，我們是多個矛盾自我碎片的組合。

藝術評論家邁可‧基默爾曼曾說，最偉大的藝術作品或許

就是生命本身——把自己的一生規畫為宏偉事物的見證人。最偉大的藝術作品從來都不是一幅幅畫作或一首首歌曲，而是偉大的藝術家本身，因為偉大的藝術家克制自己的生命，而把他們所看到並擄獲他們心靈的美麗事物創作出來。

我認為，關注習慣的養成也與此類似。最好把它想成是關注習慣的藝術。這無關是否要努力活得正直，而是規畫自己的人生。這就是活出美麗人生的藝術。

▶ 活出完整的生命

使徒保羅（保祿）在他所寫的書信〈羅馬書〉中提到了他的願景。在講完唯有恩典是神救贖大能的恢宏論述後，他對讀信者如此回答道：「我憑著神的仁慈勸你們，要把身體獻上，作聖潔而蒙神悅納的活祭。」（羅馬書12:1）

要回應神為我們所做的，你要把整個身體（你的整個生命）獻上。畢竟，耶穌不就是把祂的整個身體——祂的整個生命——獻上當作活祭嗎？「效法祂。」這就是保羅要傳達的觀點。保羅接著說：「不要模仿這個世代，倒要藉著心意的更新而改變過來。」（羅馬書12:2）其中「改變」（transform）這個字的字根便是formation（意思是養成或形成）。

如果我們的問題是：「一個人要如何把自己的整個生命獻給神呢？我們要如何活出一貫的生命呢？」答案就是「改變」。

我們頌讚並嚮往這種人的生命，他們似乎能夠傾盡一生

在唯一的願景上。舉凡廢奴政治家威廉‧威伯福斯（*William Wilberforce*）、馬丁‧路德‧金恩博士、社會活動家多蘿西‧戴伊（*Dorothy Day*）、甘地，都是如此。他們似乎能把每一件事都聚焦在重要事情上。這種完整的一貫生命，正是透過習慣來規畫人生的目標。

然而，我們在空泛追求美好生活時，經常忽略了我們人生的日子是由許多平凡時刻所構成的。我們在看自己憧憬的英雄時，經常忽略一件事，他們之所以能有後來的成就，得力於無數個微小（但經過仔細選擇的）習慣。忽略了這些，我們也就忽略了是那些最平凡無奇的習慣，創造了最卓越非凡的有意義生命。

每個研究習慣的人都表達了相同的驚訝：最複雜也最美麗事物，通常都是由平凡而簡單的要素構成的。蘇斯博士（Dr. Seuss）寫下童書《綠火腿加蛋》（*Green Eggs and Ham*），緣起於他的出版商跟他打賭，他無法只用五十個字彙寫成一本書。達文西於一五〇三年開始在一塊白楊木上用微小筆觸作畫。經過十四年、千百萬次一筆一筆的描摹，終於大功告成，這幅畫作就是《蒙娜麗莎》，專家至今仍用 X 光想要一探究竟，找出他是怎麼用這種不可能做到的微小筆觸畫出這幅鉅作的。

所有的不凡，都是建立在最不起眼的堅持不懈行動上，或是甘願受到限制。有時候，這些限制並非出於自願。著名的肖像藝術家查克‧克洛斯（Chuck Close）在創作生涯中期遭逢身體癱瘓的打擊，他把畫筆綁在手腕上作畫，吃力地微幅移動

畫筆，創作出巨幅的寫實肖像畫。在我看來，這讓他的所有畫作更引人入勝。有人指出，如果把他在受傷前後的畫作兩相比較，只是確立了他的風格。為了創作出與眾不同的非凡畫作，他在限制中尋求。他的畫作掛在全世界最好的博物館，有許多是他的朋友的肖像畫，它們見證了在有限生命裡的友誼之美。

知名時尚雜誌《她》（*Elie*）前總編輯尚—多明尼克·鮑比（Jean-Dominique Bauby）因為中風而造成全身癱瘓（左眼瞼除外）後，寫下了《潛水鐘與蝴蝶》（*The Diving Bell and the Butterfly*），他靠著眨動眼睛書寫，他的秘書會逐一讀出字母，讓他透過眨眼拼出單字。他在出書後兩天過世。

平凡與非凡之間的連結，是透過非常微小的習慣。微小的事物創作出偉大的藝術作品。限制經常為新穎之美鋪路。執著於掌控看似沒什麼意義的事情（例如一本童書的總字數）創作出了最富深意且歷久不衰的老少咸宜作品。

在這個科技狂熱的年代裡，不再有動力去促使人們發掘平凡之美，以及明瞭限制所具有的巨大力量，這是一種深刻的倫理失落。但有一個堅定不移的真理不變：我們永遠無法在平凡的日常生活之外，建立起愛的生命——那些簡單、美麗，但依舊平凡的日子，如同羅伯·海登（Robert Hayden）在他那首著名的頌歌〈那些冬日的星期天〉（Those Winter Sundays）裡所頌揚的那些日子一樣。在描述完父親在黎明前的寒冬中，起床為家人把爐火弄熱來開始星期日的日常後，他總結道：「我何曾明瞭，我何曾明瞭／愛心堅毅而孤寂的責任？」

▶ 雖敗猶美

規畫美麗人生的過程，都會摻雜著失敗。那就是「過程」的意義：做中學、學中做。但對美麗人生而言，失敗不是阻礙，而是通往美麗人生的**必經之路**。

過去，我的最好朋友史帝夫經常和我談論何謂變得卓越，我倆當時認為那意謂專注在你如何獲得成功上。後來，生活擊潰了我們——如同每個人都會經歷的一樣。如今，我們談論人生的特質是失敗遠多於成功，我們相信，要創造卓越的人生，不是你怎麼避開失敗，而是你如何因應失敗。

我們現在幾乎每個星期都會談論陶器的「金繕修復」。金繕修復是一種日本工藝，利用黃金或其他貴重金屬鑲嵌破損的碗或缽。修補好的碗缽會比之前更堅固。修補過的痕跡變成了設計圖案。你的注意力會被上面的裂痕和修補方式所吸引。那才是你應該看的東西。美存在於破碎之中。

對於凡事往內看的人來說（拘泥於律法或規範的人通常如此），失敗會毀了他們。但是，往外看，去尋找美，你會看到失敗正使你成為藝術品。你是神的鍋，上面有以恩典為黃金來鑲嵌的修復裂痕。你的生命現在因為有了失敗的裂紋，比以前更美麗。

我是一個如此破碎的器皿。我的人生錯誤百出。我的朋友知道。神知道，我的家人也知道。我忽視我的妻子。我在憤怒中咒詛。我在工作上誇大承諾。我過度沉溺在煙草中。我貪婪

地飲酒。我大做白日夢，以為自己做了讓人驚嘆不已的事情，因此每個人都愛我。我用目中無人的大聲傲慢評論來表現這些夢。我用無聲的操控（沒有人看得到）來表現這些夢——糟的是，我很擅長這樣做！

我沒有保持良好的記帳習慣。我花太多錢在美食上。我不夠慷慨。我對我參與投票的制度的不公不義視而不見，因為我從中受益。我關閉我的心扉，因為我忍受不了再聽到一個字提及世界的痛苦，我解決不了。反之，我把自己投入到事業上。我接受大量工作，導致我心有餘而力不足，沒時間陪伴孩子們。當我抓狂的時候，還會對他們吼叫。

我的人生就是一個拙劣的打地鼠遊戲。我用一個習慣把一個失敗敲下去，我的靈魂又得力於一個新習慣而冒出頭來。沒有一個方案能縮減我破碎之心的碎片。沒有一個規則能控制我的混亂。

這是千真萬確的，就在我寫作有關「習慣的養成」的當下，結果我自己卻做得一團糟。

人們問我，我的「人生經文」是什麼。我毫無困難就選了〈羅馬書〉這段經文：「因此，我發現了一個律，就是我想向善的時候，惡就在我裡面出現。」（7:21）

不過，重點來了。只要你注視我（或其他任何人）的時間夠長，你會看到一個偽君子。從古到今，沒有一個人是例外。但如果你站在我的身旁，留意我在看哪裡，那麼我倆都會看到耶穌。祂有我們想要擁有的生命，祂有想要賜給我們的生命。

復活的黃金鑲嵌了我們的所有裂痕。祂活出了榮美生命，是祂在救贖我們。

一個榮美的生命鼓舞另一個榮美的生命。即使我們在效法基督上回應拙劣，仍值得這樣做，因為值得做的事情，即使做壞了也值得。

這是追尋美的倫理觀，這才是真正的敬拜。如同那位把香膏倒在耶穌腳上的女人，你豁出去了，不怕丟臉。因為愛得忘我，你會為你愛的人嘗試任何事情。

那些都是值得培養的習慣──微小的愛的習慣，不是為了追求成功而做，不是為了證明你是誰而做，而是為了渴望愛神和愛鄰舍而做。那是一個更美的生命，一個值得為此而甘受限制和失敗的生命。

那些就是這樣的習慣，它們成為《蒙娜麗莎》上微小的繪畫筆觸、成為顫抖的手腕，畫出一個親愛朋友的畫像。它們塑造了活出一個注視榮美耶穌的生命的日子，耶穌的一瞥讓我們的心猝不及防而完全地向祂敞開。

PART THREE

操練計畫
與
實用技巧

一分鐘重點整理

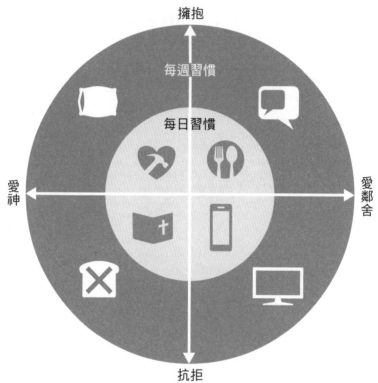

每日習慣		每週習慣	
♥	每天屈膝禱告3次	💬	與朋友談心1小時
🍴	與其他人共進一餐	📺	規畫媒體信息的瀏覽時數與內容
📱	關閉手機1小時	✖	禁食(或禁某樣事物)24小時
📖	滑手機前先讀經	🛏	安息日好好休息

重點快速整理

▶ 每日習慣的重點

每天屈膝禱告三次
世界由話語組成。再微小、再重複的話語都有力量。精心安排的固定禱告是塑造靈性的核心習慣之一，也是建立習慣棚架的開始。以禱告架構每一天，我們就是以愛架構每一天。

與其他人共進一餐
我們受造要吃，因次餐桌必須成為重心。每天撥出時間與人共進一餐的習慣，強迫我們的行事曆和空間要以「食物」和「彼此為中心」來規畫。越以餐桌為我們的重心，越能吸引我們的鄰舍加入福音社群。

關閉手機一小時
我們是為了同在而受造，但我們的手機經常成了我們缺席的主要原因。想要一次出現在兩個地方，就

是兩邊都缺席。每天關閉你的手機一小時,可以把我們的目光轉向彼此,不管他們是我們的孩子、同事、朋友或鄰居。我們的注意力習慣就是一種愛的習慣。抵制缺席就是愛鄰舍。

滑手機前先讀經

除非先讀一段聖經經文,否則拒絕查看手機,這樣是以一個更好的問題:「我是誰,以及我正在變成誰?」來取代這個問題:「我今天需要做什麼?」離開了耶穌,我們找不到一個穩定的身分認同。每天浸泡在聖經中,得以抗拒對電子郵件的焦慮、閱聽新聞所引發的憤怒,以及瀏覽社群媒體所激起的忌妒。相反地,每天這樣做,是以我們的真正身分——王(神)所珍愛的兒女——來塑造自己。

▶ 每週習慣的重點

與朋友談心一小時

我們是為了彼此而受造,缺少禁得起時間考驗、願意坦承自身脆弱、親密的友誼關係,我們無法成為愛神的人。在面對面交談的習慣中,我們發現了一種福音實踐;我們彼此開誠佈公、毫無隱瞞,卻還能愛著彼此。

規畫媒體信息的瀏覽時數與內容

故事如此重要,因此我們必須精心應對。限制閱聽

成癮媒體的串流內容的小時數，意謂我們被迫要精選我們收看的東西。規畫所看的故事，意謂我們尋找那些支持美、教導我們公義，以及會讓我們走進社群的故事。

 禁食（或禁某樣事物）24 小時
我們不斷尋求用食物和其他慰藉來填補我們的空虛。我們透過吃喝來療癒自己的空虛，卻忽視了我們的靈魂和鄰舍的需要。定期禁食顯明了我們究竟是誰、提醒我們這個世界多麼破碎，進而吸引我們的目光去看耶穌正如何救贖萬事萬物。

 安息日好好休息
每個星期守安息日的習慣，教導我們：是神維持世界的運作，而不是我們。擁抱我們的有限是一種反世俗文化的行為，我們停下日常的工作，讓自己休息一天。守安息日是一種福音實踐，因為它提醒我們，這個世界的運作，不是取決於我們能完成什麼，而是神已經為我們完成了什麼。

如何從操練一個習慣開始

　　許多人發現，試行一項核心習慣，是開始嘗試「通用準則」的最好方法。一邊閱讀本書，一邊試行一項習慣，有助你明白為什麼通用準則值得試試看。

　　我把幾個最佳的入門習慣條列如下，它們每一個都是核心習慣——換言之，這類習慣有助改變其他習慣。

每日的核心習慣

每天屈膝禱告三次

用禱告架構一天，會促使你真的去禱告，而不會總是光說不練要禱告，或者只是單純希望自己是一個愛禱告的人。這也會促使你架構和思考你一天的生活。良好的習慣經常伴隨這個習慣而來：像是有一個早上或晚上的例行常規、在中午休息片刻等等。

滑手機前先讀經

這項習慣的目的，是促使你每天讀聖經。幾乎同等

重要的是，這樣做有助你在早上遠離你的手機，尤其是當你剛醒來的第一時間。在你閱讀本書的期間，先試做兩、三個星期。這常常是通往其他習慣的途徑。

每週的核心習慣

與朋友談心一小時

友誼的好處說不盡，而且美妙。每個星期撥出一小時與朋友見面、聊天，有助你遠離孤立或是剛開啟一個新社群生活的階段。

安息日好好休息

安息日有助你改變對一週生活的看法、對工作的看法，以及對時間的大致看法。當時間是一長串單調乏味的日子清單，我們會崩潰。當我們用休息來打斷我們的日行程、週行程和季行程，反而有助我們更興旺。先從你會怎麼安排你的安息日開始，然後試著照你的計畫執行。

一星期的操練計畫

　　以下是閱讀和實行每日習慣與每週習慣的一星期範本。讀者不必一次嘗試所有習慣。每天花十五分鐘左右讀一章，然後試著操練該項習慣。

　　我假設你是和一個小組共同操練這個計畫（如果你沒有小組，我強烈建議至少找一個朋友一起操練）。要養成一種新習慣，只靠自己的力量很難成功。

通用準則的一星期操練計畫

天數	閱讀內容	要操練的習慣
第 1 天 挑選這天與你的小組或朋友碰面	早上：閱讀〈前言〉和〈每日習慣 1〉	今天嘗試屈膝禱告
	晚上：與你的小組碰面，討論通用準則的概念	
第 2 天	閱讀〈每日習慣 2〉	今天嘗試和別人共進一餐
第 3 天	閱讀〈每日習慣 3〉	挑一個小時關閉手機
第 4 天	閱讀〈每日習慣 4〉	今天使用手機前，先讀一段聖經

第 5 天	閱讀〈每週習慣 1〉	刻意和某位親友做一對一的對話
第 6 天	閱讀〈每週習慣 2〉	預估你這個星期要閱聽媒體訊息的時數，如果已經超過四小時，設法什麼都不要看
第 7 天	閱讀〈每週習慣 3〉	今天禁止做某一件事，什麼事由你決定
第 8 天 在這天結束時，小組成員再次碰面	早上：閱讀〈每週習慣 4〉和第 11 章	讓今天成為安息日，或是寫下你對下星期安息日活動安排的點子
	晚上：與你的小組碰面，討論本週的進展情況	

一個月的操練計畫

　　與一個小組共同操練為期一個月的通用準則，一起檢視這一個月的進展情況，這對所有人都很有幫助。下面附上一份為期一個月的每日行程範本，如此一來，小組成員可以據此安排自己的日程。

　　使用這份範本，每個人可以照表操課，或是量身打造自己的一個月操練日程表。你也可以從我的網站下載這份範本（網址：thecommonrule.org）。

▶ 操練每日習慣的要點

- 每日的早上、中午、睡前屈膝禱告。
- 選定讀經的章節，我的建議是：
  1.〈詩篇〉1-30篇
  2.〈馬太福音〉1-28章
  3.〈羅馬書〉每天讀半章
- 要共進一餐的人是 _____ 和 _____ 。
- 關閉手機的時段是從 _____ 到 _____ 。

每週習慣的一個月操練計畫

星期日	一	二	三	四	五	六
1	2 以晚上的小組討論來開始一個月的操練	3	4 不要吃晚餐，晚上六點開始禁食	5 與一個朋友一起結束禁食，然後進行你們的每週對話	6	7 計算你的媒體收看時數（不必苛求，只是算一下讓自己知道）
8 安息日	9 見面討論失敗的地方和分享心得，然後禱告	10	11 不要吃晚餐，晚上六點開始禁食	12 與一個朋友一起結束禁食，然後進行你們的每週對話	13	14 計算你的媒體收看時數
15 安息日	16 見面討論失敗的地方和分享心得，然後禱告	17	18 不要吃晚餐，晚上六點開始禁食	19 與一個朋友一起結束禁食，然後進行你們的每週對話	20	21 計算你的媒體收看時數
22 安息日	23 見面討論失敗的地方和分享心得，然後禱告	24	25 不要吃晚餐，晚上六點開始禁食	26 與一個朋友一起結束禁食，然後進行你們的每週對話	27	28 計算你的媒體收看時數
29 安息日	30 一起享用大餐！分享彼此的操練心得	31				

教會小組專用的操練方法

在團契裡操練通用準則，比自己一個人操練的效果更佳。這是我使用「通用」一詞的由來，因為我的用意就是與人共同操練，而且所有人都適用。在宣布一起操練通用準則後，善用網站thecommonrule.org的資源，並展開下列步驟

步驟一：建立小組

在嘗試建立習慣時，最好分組實行，不論是分成小組、牧區。確定這些小組夠小，足以讓大家分享自己的經驗。作為組員，要瞭解每個人都有看不見的壞習慣，重要的是，能夠與其他人一起對付失敗和困難。

步驟二：傳達對操練習慣的願景

人們必須瞭解「為什麼而做」的原因，否則沒道理要這樣做。大多數的人之前都沒有想到這一點，所以不要只是談論你們會停止不做哪些事情（這些自然會伴隨行為管理而發生）。如果只是談論不要做哪些事，你的會眾當中會有一半失去興趣，另外一半的靈魂則會備感掙扎。

提醒他們，我們的共同目標是**改變**。我們都想要有些改變。但是，我們通常不會想到我們有多少每日、每週的微小習慣，阻礙了我們成為一個新人。不妨考慮安排一個講道系列，然後把它們做成影片，放到通用準則的網站上，讓會眾對此有所思索而受到激勵。

步驟三：強調自願性

如果參與者有這本書，那麼他們會覺得自己可以隨意閱讀和嘗試操練其中一種習慣。如果他們願意的話，建議他們嘗試跟著操練書中某些（或全部）習慣。這樣做，有助於形成一個核心小組——不論是長老、小組長，或是一個純粹對某一個習慣感到興奮的小組——身先士卒，在操練期間全力去做，並指導其他人。

切記，習慣的養成絕對不能強迫。人們必須深受吸引而對其產生憧憬，這經常是因為他們看見或是讀到了別人如何被習慣所改變，而受到鼓舞。

步驟四：設定時間框架

嘗試操練通用準則，為期一個月是很好的入門方式。一月是嘗試新習慣的好月份，但六月通常就不是了。像是四旬期或將臨期這類教會節期，也是很好的開始時機。一個星期對會眾的操練而言則嫌太短。無論如何，確定會眾都知道他們要展開多長的習慣操練期。

用於小組操練的資源

- **本書**：吸引會眾參與其中的最有效方法，就是閱讀本書。
- **網站**：確定會眾們都有這個網址：thecommonrule.org，如此一來，他們自己就能上網探索相關習慣。以通訊軟體或電子郵件發送這個網址，因為大家會忘了網址名稱。
- **談話**：到上述網站查看近期人們對「通用準則」的談話影片。大家第一次聽到「生活準則」和全心操練一套習慣計畫的概念時，經常是既感興趣但又有點疑惑。這是可以理解的。但這些心存疑慮的人在聽過相關的談話後，他們的回應經常是：「好吧，我確實需要它。」小組或主日學的成員不妨考慮一起觀看網址裡的談話影片。
- **一個月的日程表**：和小組一起展開為期一個月的操練時，若能看到這一個月的日程安排，會對所有人都大有助益。你們可以使用前面提供過的操練計畫範本，或是從上述網址下載一份，然後依據自己的日程量身規畫。

操練時使用的禱告詞

　　如果你是負責帶領這項操練的小組長，與你的組員一起定期禱告。如果大家都對一起禱告感到自在，可以採取「應答」式的禱告，也就是小組長唸以下粗體字的禱告詞，組員就唸出「願……」的禱告詞來大膽回應。

　　我們在天上的父，祢創造了我們、祢尋找我們、救贖我們，我們要讚美祢！祢擔當了我們身為人的有限，使我們能夠成為神的兒女。

　　願我們明白，我們只有在服事祢的時候，才得自由。

　　所以，主啊！求祢賜福我們的日子。

　　願我們的禱告成為美好的工作，願我們的工作成為美好的禱告。
　　願我們的餐桌豐盛，願我們的餐桌吸引我們的鄰舍加入。
　　願我們擁抱有益的科技使用限制，發現彼此同在的美好。

願我們以聖經愛的話語架構我們的日子。

主啊！求祢賜福我們一週的生活。

願我們的友誼成為燃燒之火，孤獨的人都能前來聚集在它四周。

願我們挑選的故事，塑造我們成為尋求美、好公義、找到彼此的人。

願我們在禁食中發現，我們在我們的空虛中尋見祢的豐盛。

願我們安息在靈魂的安息中，因為知道在耶穌裡，各樣的事都「成了」。

主啊，加力量給我們完成所有這些事。我們愛是因為祢先愛我們。當我們因失敗而跌倒的時候，願我們與祢的恩典相遇。

願我們的生命成為黑暗中的光，讓所有人都看見祢的榮美。阿們！

操練習慣的實用技巧

　　我鼓勵人們至少用一個月的時間來操練這些習慣，但我自己已經全面根據通用準則來安排我的生活。在操練期間，我曾經歷了許多次失敗和調整，但習慣是一種生活節奏，使我一次又一次重新來過。

　　你可能會發現，你的管理團隊、家人、教會同工或朋友圈也想要投入其中，使這些習慣成為他們的生活方式。如果是這樣，恭喜你！你可以考慮採行其中一、兩種習慣，應用在你的情況中。第三部中的所有資源都可以助你一臂之力。

　　以下是一些操練通用準則的實用技巧，可以幫助你讓這些習慣成為長期的生活之道：

- **每日禱告**：可以使用專門為你的團契或社群所寫的禱告文，或是使用共通的禮儀月曆中的禱告文。
- **每日一餐**：在家庭裡，這可能是作為家庭聚餐的一種生活方式。在職場或團隊裡，則是建立常態性的午餐時刻。
- **關閉手機**：這可能成為擁有一段安靜時光或是與其他人同在的生活節奏。你也可以養成每天關手機一小時、一段沉思冥想

的每日生活節奏，或是每個月有一整天的安靜時光。這也可以是與家人在一起而不被其他事物分心的一小時時間。

- **滑手機前先讀經**：考慮使用一整年的讀經計畫或其他方式，以確保你在被其他各式各樣吸引你注意力的故事或話語所塑造前，你先被聖經的話語所塑造。

- **安息日**：在週而復始的生活中，你對安息日的安排可能不會有太多變化。但是，你的安息日節奏應該要成為這種生活方式，也就是要以你對工作的認真態度來對待你的休息。

- **友誼**：每個星期一次、坦承自身脆弱的對話，可能延伸為朋友之間一種常態性的晚餐或聚會。在每年的靈修避靜期，或是你為了讓友誼的脈動可以維持終生而展開的種種努力中，友誼的火花將會達到最高潮。

- **規畫媒體信息的瀏覽時數**：通常，設定一個每週閱聽媒體信息的限制時數，往往會變成一種新的閱聽媒體方式。這個習慣的目標不是斤斤計較幾個小時的時數，而是為了幫助你以一種不同的方式來思考媒體信息，而把規畫媒體信息的瀏覽時數變成一種生活方式。

- **禁食**：禁食是一種限制自己身體的生活方式。禁食通常會與其他一些計畫相互影響，例如：某種例行的運動訓練計畫、在固定的時間或節期而遠離某種特定的食物或飲料……等。

給不同情況的人使用的通用準則

沒有信仰的人

也許有人給了你這本書，還說即使你不同意書中某些論點，但你會喜歡這本書的。你可能曾經跟隨耶穌，但因為發生了一些事情而離開祂。你可能富有同情心，但你還沒有準備好要呼求耶穌的名字。

不論你的信仰是什麼，你可能覺得培養靈性節奏是一件既酷又有用的事情。也或許你只是想尋求上帝是誰。如果是這樣，我認為這些習慣會對你有幫助。我也祈禱你會找到你要尋求的東西——或者更好，耶穌自己來尋找你。

沒有信仰的人適用的通用準則

每日習慣	調整方向／操練的重心
每日禱告三次	在固定時段保持靜默，是分隔一天生活的絕妙方式，而靜默是所有禱告的前奏。用靜默開始你的一天，工作到中午做一次，一天結束時再做一次。如此重複兩、三週之後，開始用其中一個時段求問神一些事情，無論你講得多坦白，神都會接受。祈求後，保持安靜和聆聽。

與其他人共進一餐	不論你是誰,都需要別人。定期與人共進一餐,不僅是補充身體需要的營養而已,這是一種很好的方式,以你渴望的某種事物來滋養你的靈魂。
關閉手機時間	除非讓自己安靜下來,否則沒有人能真正認識自己是誰、瞭解自己真實的身分。每天關閉手機一小時,創造一個能讓自己默想的空間,有助你遠離手機帶來的心靈噪音(那會讓你對自己和你相信的事物產生迷惘)。
滑手機前先讀經	如果你沒有信仰,那就是滑手機前先讀書。書頁的文字有力量。如果你想要接觸基督宗教,可以閱讀〈約翰福音〉、魯益師的《反璞歸真》、提姆‧凱勒的《我為什麼相信?》或是華理克的《標竿人生》。如果你還沒有準備好要讀聖經或是相關的靈修書籍,那就從閱讀你喜歡的詩集,或是任何能擴展你的心智的一本書開始。
每週習慣	**調整方向╱操練的重心**
守安息日	研究顯示,一週工作超過五十小時之後,生產力會驟降。不要為了證明自己可以連續工作幾小時,而不停下來休息,這樣只是浪費自己或別人的時間。要成為一個身心健全的人,就找時間休息,做些可以補充自己活力的事情吧。
對話時間	如果你想要瞭解基督宗教,或是你不排斥神的幫助,可以定期與你信任的一個基督徒見面。但請記住,每個基督徒身上都同時反映了耶穌最好和最壞的一面。我們不夠好,所以不要對和你同樣一團糟的人有過多期待。每週一小時的對話是尋求友誼的很好方式,我們都需要朋友。
規畫媒體信息的瀏覽時數與內容	不論你喜不喜歡,你並不像你期待的那樣獨立思考。你所看的故事影響了你。慎重選擇你所看的故事。選擇那些你知道自己不會認同、但會啟發你的觀點的故事。

| 禁食 | 不論你是誰，節制有益健康。沒有人沒有壞習慣。你可以選擇禁食作為靈性的追求，也可以選擇定期遠離那些會掌控你的事物。這有助你認識基督宗教對禁食的理解，禁食不是為了自我改善，而是把目光從自己身上轉向那位扶持你的神。本質上來說，禁食的目的與你自身無關。 |

家長

全職父母可能是這裡所列舉的最辛苦職業之一。如果說我們的習慣造就我們，我們造就我們的孩子，那我們的習慣當然也造就了我們的孩子。

對父母而言，留意你的個人習慣，是教導你的孩子們如何生活的第一步——更不用說如何明智地使用科技產品了，你的使用習慣就是最好的身教。

家長適用的通用準則

每日習慣	調整方向／操練的重心
每日禱告三次	與伴侶一起為孩子寫下簡短的禱告詞，是很好的做法。這讓你們共同聚焦於為你們的孩子禱告。試著寫下幾句禱告詞，用它們一天禱告三次。
與其他人共進一餐	培養一個全家共享早餐或晚餐的習慣，是讓全家共同成長的絕佳方式。選定最適合你們家庭的一餐——不要以為這樣做很容易，它會變得又忙亂又吵鬧，有做不完的備餐和清理工作要做。不要讓 3C 產品上餐桌，而且不先致歉就不能離開。這樣做並不容易，但有益的事情都是如此。餐桌是你們學習認識彼此、愛彼此的地方。

關閉手機時間	關閉手機的那段時間要用來陪伴孩子：不論是玩摔角、堆積木、扮裝、聊天或下棋。專心陪伴孩子很有價值。
滑手機前先讀經	我不知道離開了耶穌要如何教養子女。我會在孩子們醒來之前，先讓我的身心浸泡在聖經的話語裡（不論時間長短都可以），這對我大有幫助。我的妻子則偏好在下午讀經。不論如何，把滑手機當成早上第一要務，絕不會為家長創造健全的一天。設法培養這個早上的習慣。
每週習慣	**調整方向／操練的重心**
守安息日	平日不是照顧孩子主力的父親或母親，如果能在週末扛起安息日的責任，是最理想的。但不是每個人都做得到。如果不行，考慮與朋友或家人展開一個月的交流聚會，以減輕重擔。這需要家人一起進行，你們要聚在一起多多操練，而衡量成功與否的標準是看長不看短。
對話時間	成人之間的對話對全職父母而言是很珍貴的東西。這應當在孩子不在身邊時進行。當孩子們在公園玩耍的時候，父母在一旁與人聊天並不適合。能與其他父母聊天是很棒的一件事，能與其他處在不同育兒階段的父母談話也很有幫助。
規畫媒體信息的瀏覽時數與內容	全家一起收看某些節目，讓觀賞行為成為一種集體活動。建立一個全家一起看電影或電視節目的家規，是非常好的家庭連結。我發現，即使是普遍級電影，你們也需要向孩子們解釋。和孩子討論電影中值得效法的美德，以及應當避開的惡行。
禁食	通常，二十四小時禁食並不適合父母，尤其是哺乳中或懷孕中的母親。禁食糖類或甜食的效果倒是很好。有時候也可以暫停使用社群媒體，以運動來代替。這個習慣是要選一個你不做就會感到匱乏的事物，在不能做的時候，你必須仰賴基督的豐盛。

上班族

下列的建議，是假設你把通用準則應用於你在工作上所面對的巨大專案壓力（或一個工作階段），那麼當你全神貫注於工作和努力工作時，依舊能夠保持健康的限制和節奏。若有個同事和你一起操練，是最理想的做法。

上班族適用的通用準則

每日習慣	調整方向／操練的重心
每日禱告三次	處在艱困的工作時期，午間禱告變得格外重要。這項習慣的目標是以愛來架構一天的生活，而不是讓工作上的壓力來架構你。考慮與一個同事相約一起做個短時間的午間禱告。
與其他人共進一餐	對我幫助最大的事情之一，是與一、兩位同事有個常態性的喝咖啡休息時間或午餐時間。此外，我很保護家庭聚餐時間，除非遇到工作上的緊急需要，否則我不會讓工作侵犯我的家庭聚餐。這項習慣取決於你所處的人生階段，挑那些對你有益的事去做。
關閉手機時間	工作讓人精疲力竭，因此，下班後關機一段時間，是讓自己擁有一個迷你安息日的好辦法。此外，有一段時間可以讓自己全神貫注於工作上也很重要。可以考慮在辦公室門口放置一個盒子，供你和其他人放置手機之用，或是設置充電插座，鼓勵大家把手機放在盒子裡。
滑手機前先讀經	利用醒來後的一段時間讀經，讓自己進入一個有紀律的工作時程表。通常，趁著大家都還沒有起床的那段早晨時間工作，是我的工作效率最高的時候。如果你也是，那麼把你的早上定錨在聖經的話語裡，然後安靜工作，可以建立一個強大、可持續的晨間慣常行為。

每週習慣	調整方向／操練的重心
守安息日	休息將會是你職業生涯中最重要的事情。休息意謂每天獲得充分的睡眠，而且每週有一天安息日。美善的工作來自於神，而且是為了鄰舍而做，若沒有集體敬拜和定期的休息，你無法做到美善的事。
對話時間	經過一段艱辛的工作時期之後，常會導致一個危險後果，就是我們會變得與朋友疏遠。思考一下，每週抽出一個小時與朋友對話會有什麼影響，那樣做的成本很低，卻會對生活產生巨大影響。談話時刻可以改變你的一生。如果我們不能為自己的人生做這個簡單的決定，那我們為什麼要相信自己有能力做出可以影響他人生活的管理決策呢？
規畫媒體信息的瀏覽時數與內容	考慮讓你的媒體瀏覽時間變成一種集體活動，如此一來，你就不得不在放鬆時刻加入團體當中。此外，追劇經常是一種應付壓力的做法。規畫媒體信息的瀏覽時數與內容真的會提高你的生產力，因為你在自己的四周豎立了護欄。
禁食	禁食是一種反文化行為，尤其是在職場上。如果你是上班族，而禁食會大量耗損你的精力，或是妨害你的工作能力，那麼選擇食物之外的禁止項目。我發現禁食是一種很好的方式，使我把焦點從討人喜歡（這種誘惑力在職場又特別大）重新聚焦在「信靠神，會幫助我把事情做好」。

藝術家和創意人

　　創意不是隨機出現的產物。創意不存在所謂的繆思，那是謊言。當你毫不留情地摒除會使自己分心的雜念，創造力就會產生。藝術是由日復一日的創作串聯而成的產物。舉例而言，在寫作本書期間，操練通用準則對我的創作過程尤其重要。

藝術家和創意人適用的通用準則

每日習慣	調整方向／操練的重心
每日禱告三次	禱告祈求靈感來到以及能全神貫注在創作上，這很有幫助。當我開始一項專案時，我會先寫下一些禱告詞（它讓我清楚知道真正重要的是什麼）然後用它禱告，來度過工作中不可避免的複雜情況。我在寫作本書的時候也這樣做了。
與其他人共進一餐	可以考慮在一天結束之際，與家人或室友共進一餐來結束一天的工作。我們常常不知道如何停下手上的工作，那麼回家參與一個歡迎你的團體或社群當中，是為一天的工作畫上休止符的最好方法之一。
關閉手機時間	在每一項新計畫或專案的開始階段，往往會有豐沛的創造力，而需要數小時不分心的時間。然後，進入編輯和修改，雖然也很辛苦但沒那麼燒腦。在創意階段，可以考慮把這個習慣改成是開機一小時，其餘時間都是關機狀態。創意往往只在摒除干擾、保持全神貫注期間出現。
滑手機前先讀經	考慮制定一份精心規畫的晨間例行程序，使你在同一時間準時起床，然後讀一段聖經經文，吃對你有益的東西，接著投入你的創作中。晨間的例行程序對於大多數的創作而言，確實很重要。
每週習慣	調整方向／操練的重心
守安息日	在安息日期間，暫停你手上的創作格外重要，因為那是你的工作。你的靈魂需要從你的創作中抽身，休息片刻。
對話時間	尋求那些瞭解你的藝術創作或是創作過程的人，或是本身也從事創作的人。陷入孤立是藝術家所面臨的一個巨大危險，而友誼往往能夠使我們脫離自我封閉。

規畫媒體信息的瀏覽時數與內容	製作一份清單,其中包含紀錄片、播客、演講或講座節目,讓你思考其他藝術家和創意人如何看待他們的創作。觀看在你的創作領域裡的經典創作,進行反思,並且避開那些會使你心靈麻木的媒體。
禁食	搭配一個飲食或運動計畫,讓你的身體跟上你的心智活動。當你的心智超出身體負荷,總是會導致崩潰。通常,你無法在身體失能的狀態下創作。

創業者

不論你喜不喜歡,當你創立一個組織時,你就是在複製你自己——複製你人格中最好與最壞的特質。留意你自己在成為誰,就是留意你的員工在成為誰,以及你的組織正往什麼方向發展。

如果身為創業家的你,有意嘗試通用準則,那一定要與你的共同創辦人、甚至是你的高階管理團隊一起操練。如果不是每個人都是基督徒,他們可以採用給沒有信仰的人的通用準則。

創業者適用的通用準則

每日習慣	調整方向/操練的重心
每日禱告三次	任何一個組織領導人都會有種被壓垮的感覺。永遠有做不完的事在等著你。你的日子有可能陷入一團混亂中,因為總有滅不完的火接踵而來。這是為什麼定時打斷你的一天生活更重要,因為這意謂是你在掌控混亂,而不是讓混亂掌控你。
與其他人共進一餐	如果你有家庭,有個固定的家庭餐很重要,使你得以持續與家人聚在一起,即使在忙得不可開交的工作階段亦然。如果你還沒有成家,午餐會是理想的選擇,固定與你的團隊一起休息片刻。

關閉手機時間	你無法無處不在，即使看起來每個人似乎都需要你。他們要知道的其實是你每天會在哪個特定時間不在公司或不受打擾。這有助他們想出辦法來因應即使沒有你，事情還是能夠持續有所進展，而這正是每個組織終極的目標。
滑手機前先讀經	身為創業家，你不能只有產出，你還要持續不斷地吸收（這裡指的是有意義的吸收）。考慮養成一個晨間習慣，在這段時間裡，先讀經，然後閱讀任何能夠擴展你對自己公司和團隊的想像力和願景的書籍。不要用無止境的工作來開始一天，做不完的工作會接管一切，而阻礙你發展願景的能力——這是身為創業者的你最重要的任務。
每週習慣	**調整方向／操練的重心**
守安息日	你認為自己做不到這一點，但你必須這樣做。想想看，有個有意義的固定休息時間，對你和你的員工多麼重要。好好思考你要怎麼建立一家公司，而能讓每位員工都有權每週選一天休假，甚至要鼓勵他們這樣做。確定你每週休息一天的習慣，不是用其他人每星期必須工作七天換來的。
對話時間	對創業家而言，有個固定的時間與一位導師對話，是最明智的選擇。這個人應該不是與你處在同一個人生或職涯階段，而能回顧來時路給予你建言。導師不可能每週都見得到，因此每個星期都要撥出一個固定時間與朋友們見面，以確保你兼顧生活中所有面向，而不是只專注在工作上。
規畫媒體信息的瀏覽時數與內容	創業家若只把時間花在思考自己的組織上，眼界會變得狹隘。不妨考慮規畫你瀏覽的媒體內容，以提醒你關注這世上那些與你不一樣的人，那些不是你的潛在顧客，而是需要你的憐憫善行的人們。這或許會激勵你的組織把十分之一的營收奉獻給某個特定目標或慈善事業，或者給員工提供更多空間，來從事義工的服務。

禁食	善用禁食的習慣以確保你不會疏忽自己的健康，或者在飲食方面不知節制。一個例行的日常運動搭配每週一天的禁食（或禁止一項讓你產生罪惡感的享樂），有助維持你的身體狀態能夠通過企業經營的長跑競賽。

成癮者

我容易過度沉迷。我總是與我的欲望激烈角力。我在年輕時曾經依賴酒精、色情書刊或 A 片。這樣的我，有個大好消息要在這裡宣布：神改變了我。那段時光早已遠離。我不再是過去的我，所以你也不是注定要成為現在的你。

恩典是真實的，這意謂著改變也是。如果你正深陷於酒精、處方藥、性愛或其他的成癮掙扎中，你可能知道戒斷的過程不能只是戒除癮頭而已；**你還必須愛上其他事物**。

照著通用準則，與一個可以在這過程中幫助你的夥伴一起生活，將有助你聚焦於不再被癮頭挾制的新生活。你可能受制於毒品，但在新的限制中有自由。這裡有一個更好的主人，祂的名字是耶穌。

成癮者適用的通用準則

每日習慣	調整方向／操練的重心
每日禱告三次	禱告祈求改變現狀。不禱告，你無法重生為一個新的人。操練保持安靜、操練一次又一次向神禱告祈求，以及操練以神對罪人的愛來架構你的一天。成癮不能羞辱你，成癮只能使你被愛。

與其他人共進一餐	成癮經常會伴隨著躲避社群的傾向，或者投靠錯誤的社群。所以，選擇與你相處的人非常重要，你需要固定與幫助你脫離癮頭的人們在一起。找到這樣的人，定期和他們一起吃飯、談心、進行其他往來。讓他們進入你的生活，不要把他們拒於門外。
關閉手機時間	仔細思考壓力是否就是造成你上癮的原因。對我和我大多數有成癮掙扎的友人而言，可能覺得自己必須做些什麼事來防止世界分崩離析。如果那是工作，關閉手機可能會有幫助。如果是其他事情，那麼請思考你可以怎麼做，好讓自己每天有一段固定時間讓自己從壓力中脫身。
滑手機前先讀經	你要知道，不論你覺得自己有多麼不堪，你仍然是被愛的。切記，這不是陳腔濫調，這是耶穌對罪人所說的話。你每天早上都要緊緊抓住這些話。你做過的那些最糟糕的事情，並不能代表你，即使你昨晚忍不住自己的癮頭也一樣。
每週習慣	**調整方向／操練的重心**
守安息日	你可能習慣仰賴癮頭尋求解脫，來讓自己獲得放鬆或休息。你必須另覓新的途徑，設法從大自然、其他人身上、競賽運動、嗜好和強健身體的運動中尋找安息。不論讓你放鬆的是何種事物或活動，奔向那種安息吧。神在那裡。
對話時間	如果有一個適用於上癮者的核心習慣，這就是了。這個與你對話的人（不用多，只要一個人就足夠了）必須知道有關你的成癮和癮頭復發的一切事情。謊言和隱瞞往往是成癮者開始和繼續上癮的關鍵，而坦承一切是改變一切的開始。「坦承自己」是你最需要培養的核心習慣。找一個你信任的人，然後做一件最讓你感到害怕也最能釋放你的事情：把所有事情一五一十吐露給對方知道。不要掩飾任何事情。在光進來之前，你必須先完全敞開自己。

規畫媒體信息的瀏覽時數與內容	有些媒體內容會觸發你對過往成癮事物的渴望。你也許不能有電腦，而只能與別人一起收看，或者挑選某些不會把你帶回老路的東西。媒體提供的故事中不乏值得閱聽者，不必一昧避開。換言之，我們應當收看或收聽有關美和救贖的故事。我們這些與癮頭角力的人，總是需要這些故事。
禁食	你可能覺得一生都在禁食是個過於巨大的挑戰，但定期禁食可以建立一種保持適度和節制的生活基調。禁食能幫助你看見神大過你的毒癮。禁食提醒我們，當我們得不到想要的東西，而是得到了耶穌想要的東西時，這樣的我們其實是最快樂的。讓這個真理透過禁食在你的生命裡發揮作用。禁食搭配例行的運動是一種很有效的方法，來訓練你的身體愛上新事物。

心理狀態不佳的人

通用準則的誕生，源自於我努力對抗一種莫名焦慮的那段時期，發作原因似乎有部分是環境使然，有部分則是化學藥物造成我的身心失控。我可能永遠都不會瞭解那究竟是怎麼一回事。我只知道透過養成一些習慣，翻轉了這一切。

不過，我無法保證那種方式也適用於你。這些習慣或許無法使你的問題從此徹底消失，但可以使你變得更堅強、更穩定、更喜樂，而且被裝備得更好，去對抗在你心中肆虐的風暴。神與你同在，你的朋友們也是。去找他們，和他們一起操練這些習慣。

特別提醒：我不是專家，我只是在此分享我親身經歷到的有益事物而已。所以，請向你的朋友和家人開誠布公，而且無

論如何一定要就你自己的症狀求診心理醫生或是心理健康專家
的協助。

心理狀態不佳的人適用的通用準則

每日習慣	調整方向／操練的重心
每日禱告三次	如果你感到焦慮，要安排好你的日子。如果你感到沮喪，規畫一些可以讓你下床的事情或活動。我發現，當我的心理活動出現異常的時候，空蕩蕩的空間和滿室寂靜讓我感到害怕。嘗試使用一些現成、慣用或禮拜用的禱告詞。用它們來禱告，直到它們向你說話。
與其他人共進一餐	當你的情緒處於低潮或心理狀態不好時，你的心思意念會使你想要逃離所有人，但是健全的群體關係才是你需要的。飲食往往是引發或是惡化你的心理狀態的重要因素。留意你吃了什麼，也要留意你和別人一起用餐的方式。在自我監督下精心規畫的飲食內容、和其他人一起用餐，都會對你的身心復原有很大助益。
關閉手機時間	寂靜無聲會嚇壞每一個受困和受苦的心靈，但是這個習慣就像健身一樣，過程很痛苦，但你會變得更強壯。關閉你的手機，操練自己安於寂靜。要知道，即使你的心靈陷於狂暴不安，你的靈魂也不一定要跟著淪陷。邪惡在曠野中潛行，但神也在那裡，而祂總是贏得勝利。
滑手機前先讀經	精神疾病（即使是化學藥物所致）總是涉及到你跟自己說了一個虛假自我的故事。你急需聖經的話語來告訴你關於世界的真相。找一本你信靠的靈修讀物，或者閱讀一本振奮人心的書籍。用這個習慣來開始你的一天，並且在你一天當中抑鬱或焦慮情緒最嚴重的時候，再做一次。

每週習慣	調整方向／操練的重心
守安息日	有關精神疾病的應付機制俯拾皆是，但是安息日提供了一條途徑，幫助你用一種健康的方式，有節奏地獲致你所需的喜樂和平安。誠心地敬拜神，即使你發現你的教會肢體沒有人理解你也無妨。你不需要每個人都理解你。聖靈就在那裡。不要退縮。
對話時間	你會對操練這個習慣感到掙扎，主要是因為這會把你帶離自我孤立。你必須對其他人坦承以對，告訴他們你發生了什麼事，而他們也必須用實話來回饋你。你不是你腦中那些嚇壞你的想法。以我自己為例，我的朋友透過不斷持續向我說真話，來反擊我心中的謊言。找你信賴的朋友，每個星期與他們聊聊。而且，你要信任他們。不要相信你頭腦裡那些威嚇你的謊言。它們會惡化你的情況。培養一種健康的態度，質疑你心中的恐懼。你腦中的聲音可以使你沉淪，但群體的聲音會讓你振作起來。
規畫媒體信息的瀏覽時數與內容	要留意你觀看的媒體。不停歇的噪音往往會加重焦慮。考慮關閉所有的聲音，除了那些值得信賴的聲音，它們會把你的目光從盯著自己的肚臍眼（自我沉溺）轉向神和需要你的世界。
禁食	當我必須與我的焦慮奮戰時，禁食一天還不夠。禁食三天（這需要操練）是我經歷到最具療效和煥發生命活力的方式。找個有禁食經驗的人來指導你怎麼做，而且要取得你的醫師或治療師的同意。通常人在萎靡不振的時候，身體會發動一連串讓你覺得莫名其妙的情緒攻擊。如果你還有力量，努力衝破這些攻擊，清明的心靈往往就在另一頭迎接你。

致謝

　　我要向以下對我的生活和本書的出版產生影響的人士，致上深深的謝意：

　　蘿倫，我只想與妳攜手規畫我的人生。馬特和史帝夫，我親如手足的好友。馬克、法蘭克、丹恩和大衛，我情同好友的兄弟。安、瑪麗、瑞秋和馬利凱瑟琳，謝謝你們與蘿倫姊妹情深，並在這樣一個艱難的時節裡，協助照顧我們的孩子。

　　謝謝痛苦之家（House of Pain），為基督教社群奠下基礎。陶和凱文，謝謝你們的門訓指導，擴展了我的工作觀，我也要感謝整個東亞社群教導我如何過流亡生活。考瑞，謝謝你告訴我什麼是「生活準則」（尤其在把我引介給InterVarsity出版社時，你展現出對我的完全信任和慷慨）。感謝第三教會（Third Church）的會友們，不厭其煩地聽我喋喋不休談論習慣。感謝麥基伍德教導我如何成為一個好律師，謝謝加曼和葛瑞吉邀請我加入他們的律師事務所。

　　感謝RHG給我的贈書，你可能不知道它們改變了我的人生。感謝約翰‧哈格登和比爾‧威爾森，教會我熱愛閱讀。感謝里奇蒙山丘提供寫作避靜以及構思本書的神聖空間。

　　最後，我要在許多事上感謝大君王耶穌，尤其是在一月下旬那個早晨，當我覺得自己再也寫不出一句話的時候，祢向我走來──主必再來。

國家圖書館出版品預行編目資料

與神同行的8個微習慣：從混亂焦慮到身心安頓，徹底美好生活的祕
密/賈斯汀.厄利(Justin Whitmel Earley)著；劉卉立譯. -- 初版. -- 臺北
市：啟示出版：英屬蓋曼群島商家庭傳媒股份有限公司城邦分公司
發行, 2021.05
面 ；公分. --(Soul系列；57)
譯自：The common rule : habits of purpose for an age of distraction

ISBN 978-986-06390-0-1 (平裝)

1.基督徒 2.生活指導 3.靈修

244.9   110005397

Soul系列057

與神同行的8個微習慣：從混亂焦慮到身心安頓，徹底美好生活的祕密

作　　　者／賈斯汀.厄利 Justin Whitmel Earley
譯　　　者／劉卉立
企畫選書人／李詠璇
總　編　輯／彭之琬
責 任 編 輯／李詠璇

版　　　權／黃淑敏、邱珮芸
行 銷 業 務／周佑潔、賴晏汝、華華
總　經　理／彭之琬
事業群總經理／黃淑貞
發　行　人／何飛鵬
法 律 顧 問／元禾法律事務所王子文律師
出　　　版／啟示出版
　　　　　　臺北市 104 民生東路二段 141 號 9 樓
　　　　　　電話：(02) 25007008　傳真：(02)25007759
　　　　　　E-mail:bwp.service@cite.com.tw
發　　　行／英屬蓋曼群島商家庭傳媒股份有限公司城邦分公司
　　　　　　台北市中山區民生東路二段141號2樓
　　　　　　書虫客服務專線：02-25007718；25007719
　　　　　　服務時間：週一至週五上午09:30-12:00；下午13:30-17:00
　　　　　　24小時傳真專線：02-25001990；25001991
　　　　　　劃撥帳號：19863813；戶名：書虫股份有限公司
　　　　　　讀者服務信箱：service@readingclub.com.tw
　　　　　　城邦讀書花園：www.cite.com.tw
香港發行所／城邦（香港）出版集團
　　　　　　香港灣仔駱克道193號東超商業中心1F E-mail: hkcite@biznetvigator.com
　　　　　　電話：(852) 25086231　傳真：(852) 25789337
馬新發行所／城邦（馬新）出版集團【Cite (M) Sdn Bhd】
　　　　　　41, Jalan Radin Anum, Bandar Baru Sri Petaling, 57000 Kuala Lumpur, Malaysia.
　　　　　　電話：(603) 90578822　傳真：(603) 90576622
　　　　　　Email: cite@cite.com.my

封 面 設 計／李東記
排　　　版／極翔企業有限公司
印　　　刷／韋懋實業有限公司

■ 2021 年 5 月 4 日初版　　　　　　　　　　　　　Printed in Taiwan
■ 2022 年 7 月 1 日初版 2.5 刷
定價 330 元

Originally published by InterVarsity Press as The Common Rule by Justin Whitmel Earley.
©2019 by Avodah, LLC.
Translated and printed by permission of InterVarsity Press, P.O. Box 1400, Downers Grove, IL 60515, USA. www.
ivpress.com.
Complex Chinese edition © 2021_ by Apocalypse Press, a division of Cité Publishing Ltd.
All Rights Reserved.

城邦讀書花園
www.cite.com.tw